租税理論研究叢書................28

所得概念の再検討

日本租税理論学会 [編]

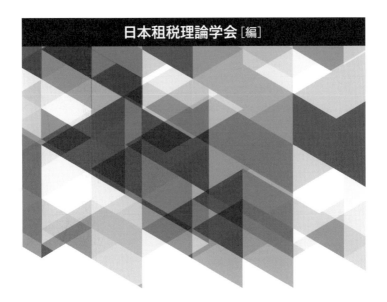

財経詳報社

叢書 28「所得概念の再検討」発刊によせて

　日本租税理論学会 2017 年度大会・会員総会は，2017 年 12 月 9 日（土），10日（日）の両日，名古屋市内にある椙山女学園大学星ヶ丘キャンパスにおいて開催された。租税理論研究叢書 28 は，この 2017 年度（第 29 回）研究大会の特別講演，シンポジウムの報告と討論，一般報告，グループ報告を収録したものである。

　2017 年度研究大会では，シンポジウムのテーマを「所得概念の再検討」とした。このテーマに沿って，「ミード報告にみるイギリス型支出税の意義と課題」（川勝健志氏），「法人税における課税所得概念の再検討」（依田俊伸会員），「包括的所得概念の問題点と市場所得概念」（奥谷健会員）の表題で，研究報告が行われた。

　今回のシンポジウムでの研究報告の核となったのは，イギリス型の支出税構想，ドイツの市場所得概念，さらには，わが国の法人税法上の課税所得概念のあり方などであった。「報告」をベースに，望月爾会員の司会で「討論」が行われた。「討論」では，川勝報告のイギリス型支出税構想については，そのグローバルな展開状況，北欧型の二元的所得課税論やわが国の金融所得一体課税論との接点上の課題，課税ベース論の視点などから議論が展開された。また，依田報告の法人税における課税所得概念については，わが国会計基準のコンバージェンス（国際共通化）の是非，いくつかの勘定科目を取り上げたうえでの課税ベースの浸食防止・確保の視点から企業会計とわが国法人税法上の益金・損金概念との接点上の課題などについて議論が展開された。さらに，奥谷報告の市場所得概念については，包括的所得概念と市場所得概念との異同などを含め議論が展開された。研究者と実務家が一体となって多角的に展開された本書に収録された「討論」は，各報告者の基礎的な研究「報告」について，さらに理解を深める意味でも貴重な資料である。

　一般報告（自由論題）では，「消費税増税をめぐる議論と課題」（齊藤友里恵会員）と「会計学批判─税法研究の現場からみる企業会計中心の会計学の問題点と一般会計学の提唱」（黒川功会員）について，それぞれ研究報告が行われた。

いずれの研究報告も，専門的な視角から精査されており，有益である。とりわけ，黒川会員の学際的な報告については，今後，税務会計専攻者からの反論もありうるのではないかと推測される。

　グループ報告では，「債務免除益課税」について，多角的に検討したものである。「企業再生税制と事業再生税制の差異」（藤間大順会員），「法人税における債務免除益課税の法解釈と制度の概要」（峯岸秀幸会員），「所得税法上の債務免除益課税問題」（櫻井博行会員），「債務免除益課税の諸問題―判例等の状況を中心に―」（木山泰嗣会員）の表題で，税法上の制度分析や裁判例等の分析に傾注する形で，それぞれ研究報告が行われた。

　今研究大会では，開催地である名古屋市の市長を務めている河村たかし氏に，「名古屋市の市民減税条例―自治体租税政策の羅針盤―」と題する特別講演をお願いした。政官学がひたすら増税路線を走るなか，河村市長は，市民が主役の立場から，「多額の市の税収が議員報酬や職員などの人件費に消えるのでよいのか」という納税者からの素朴な疑問に応えるべく「小さな政府，大きな福祉」の政治姿勢を貫き，市条例で減税の実現にこぎつけた。生の政治過程や国法との整合性などの問題を含め，減税実現・福祉拡充までの道のりを，統計や現場実例などを駆使して披露いただいた。否応なく中央政府の増税路線を走らされがちな多くの自治体はもちろんのこと，私たち税の研究者や実務家にとっても，はたと目を開かせる存在（eye-opener）に映った。税の学会に一石を投じた高話に対し心から感謝申し上げる。

　末尾ながら，2017年度大会・会員総会の開催・運営にご尽力いただいた椙山女学園大学現代マネジメント学部教授の浪花健三理事とその関係者の皆さまに心から感謝申し上げる。

　また，本学会の租税理論研究叢書の発行にご尽力いただいている財経詳報社，同社の宮本弘明社長に対して心からお礼申し上げる。

　　　　　　石村耕治（日本租税理論学会理事長・白鷗大学）

目　　次

叢書28「所得概念の再検討」発刊によせて ……………石村　耕治　ⅰ

特別講演

名古屋市の市民減税条例 ……………………………河村たかし　3
──自治体租税政策の羅針盤──

Ⅰ　シンポジウム　所得概念の再検討

1　ミード報告にみるイギリス型支出税の意義と課題
………………………………………………………川勝　健志　35

2　法人税における課税所得概念の再検討 …… 依田　俊伸　52
──税務会計論から見た企業利益と課税所得の乖離の変容──

3　包括的所得概念の問題点と市場所得概念
………………………………………………………奥谷　　健　62

4　討　論　所得概念の再検討 ……………………………… 86
〔司会〕
　　望月　爾
〔討論参加者〕
　　石村耕治／奥谷　健／川勝健志／黒川　功／髙沢修一／鷹巣辰也／
　　鶴田廣巳／藤間大順／松井吉三／松田周平／安井栄二／依田俊伸

Ⅱ　一般報告

消費税増税をめぐる議論と課題 ……………………齊藤由里恵　115

会計学批判 ……………………………………黒川　　功　129
　　──税法研究の現場からみる企業会計中心の会計学の問題点と
　　一般会計学の提唱──

Ⅲ　グループ報告

企業再生税制と事業再生税制の差異 …………藤間　大順　153

法人税法における債務免除益課税の法解釈と
制度の概要 ………………………………………峯岸　秀幸　166

所得税法上の債務免除益課税問題 ……………櫻井　博行　178
　　──遅延損害金の債務免除を中心として──

債務免除益課税の諸問題 ………………………木山　泰嗣　190
　　──判例等の状況を中心に──

日本租税理論学会規約
日本租税理論学会理事名簿

■執筆者紹介（執筆順）

河村たかし（かわむらたかし）　名古屋市長

川勝　健志（かわかつたけし）　京都府立大学公共政策学部准教授

依田　俊伸（よだとしのぶ）　東洋大学経営学部教授

奥谷　健（おくやたけし）　広島修道大学法学部教授

齊藤由里恵（さいとうゆりえ）　椙山女学園大学現代マネジメント学部准教授

黒川　功（くろかわいさお）　日本大学法学部教授

藤間　大順（ふじまひろのぶ）　青山学院大学大学院法学研究科博士後期課程，日本学術振興会特別研究員（DC1・公法学）

峯岸　秀幸（みねぎしひでゆき）　公認会計士・税理士，青山学院大学大学院法学研究科ビジネス法務専攻ビジネスロードクター養成プログラム博士後期課程

櫻井　博行（さくらいひろゆき）　税理士

木山　泰嗣（きやまひろつぐ）　青山学院大学法学部教授

特別講演

2017 年 12 月 9 日　第 29 回大会（於　椙山女学園大学）

特別講演
名古屋市の市民減税条例
——自治体租税対策の羅針盤——

河 村 たかし
（名古屋市長）

　それでは，きょうは非常にハイクラスなムードでございまして，品の悪い男がやってまいりまして申しわけありませんけれども，日本で一番給料の安い市長と言っております。これは減税が関係するんですけれども，8年になりまして，大変なことでございます。

　ずっと野党が続いておりましたので，連戦連敗でございまして，本当に泣けてまいりますけれども，私が給料を下げまして，下げたのは，それも実は減税なんかに大きくかかわってくるので，聞いていてもらいたいんだけれども，僕がこういうことをやらなければ，今の名古屋市長の年収というのは実は2,800万円あるんですよ。今2,800万円あって，私は800万円。4年ごとに4,220万円退職金というものがもらえまして，これも廃止しましたということで，この8年間で2億4,000万円，毎年800万円もらって，プラス2億4,000万円，皆さんにお返しした，もらうべきものをもらわなかったと。

　口で言えばそれだけのことですけれども，どんだけうちのおっかあが怒ったかということで，しばらくうちに帰れなかったもので，名古屋の人はみんな知っていますけれども，某カプセルサウナに泊まっておったと。うちへ入れえせんもんで，うちのかみさんが怒ってまって。

　確かに国全体がそういうふうになれば，パブリックサーバントということで，それになればそれでもいいんですけれども，日本も戦前は，書いてあったんですけれども，地方議会は名誉職，そういうふうに実は戦前は書いてあったんです。国会議員の給料も，だいたいが局長よりちょっと安いぐらいということだったんです。だけれども，昭和22年，戦争が終わってすぐ，マッカーサーのこ

ろですけれども，アメリカはジャスティン・ウイリアムズという人が国会，そういう政治担当，日本は西沢さんという方が担当しまして，国会法35条というのをまずつくりまして，これは日本しかないです。国会議員はあらゆる職の一般職の公務員より少なくない給与を受けるというのをつくったわけです。それから，36条は，国会議員は退職金を受けることができる。これは今で見ると当たり前のようなことを言いますけれども，全然当たり前じゃないんですよ。

　戦後，昭和22年につくったんです。繰り返しますが，戦前は地方議員さんは名誉職という条文をちゃんと持っておりまして，ボランティアだった。なんでそんなことをやったかというと，事実として言われておるのは，たしか西沢さんなんかが言っておったと思いますけれども，なぜ日本はこんな大戦争をやってしまったか。議員というのは，なぜ軍部をストップできなかったかということで，議員，議会というのをもっと大事にしよう。大事というか，立派にしようというふうに考えた。

　ところが，昭和22年ですから焼け野原で，ボランティアで議員をやるとか，そんな状況ではとてもなかったということで，それだけの立派なものにしようと思ってやったと。ここからは僕の推測ですけれども，なかなか証拠は出てこんですけれども，やっぱり共産化を防ごうとしたんじゃないのかというふうに思いますね。まだ朝鮮戦争はないですけれども，中国内戦は始まっておりますし，そういうことで議員というものを完全に日本においても民主主義みたいなことをしてしまうと，社会主義になってしまうんじゃないのかということで，ようけ給料を出すと。一般職の最上位の事務次官よりたくさんの給料を出すから，どうぞ，なれよと。

　それから，やめたときには退職金をもらうことができるということで，やめてからもちゃんと飯は食えるぞという仕組みを，そうすると，これは家業化になりますわね。だから，この西沢さんが，何かで私が調べたときに，やっぱり失敗したところは，私たちは別に家業化するつもりはなかったんだと。実は議員というものを立派にしようとしたんだということだけれども，そのための手段として収入を保証しちゃ本当にいかんですよ。収入を保証された権力者というのは，実は国王というか，そういうものであって，というふうにわざわざつ

4

くったところで，私らからすると，もう戻さないかんということです。

　ということを考えておって，だから，議員というのは，納税者の代表者なのであって，納税者の代表者が納税者の何倍も給料をもらうというのはそもそも間違っておりますわね。最近，どういう新聞でもマスコミでもええですけれども，全く真逆のことを言いますから。河村の言っておることは間違っておる，ええ仕事をやるために，ようけ給料をもらって，それでいいじゃないかと。給料を下げると，普通の人は議員になれんようになるとか，とろいことばっかり言っておって，そんなことを言っておるのは戦後の日本だけだということでございます。

　議員で言うと一番ようけ給料を出しておるのが日本，それからロサンゼルスの市会議員が一番多いと言われておりますけれども，ほぼ給料だけで1,500万円とか1,300万円とか，プラスベネフィット――手当でございますけれども，ロサンゼルスの場合は連続3期12年を超えて立候補できない。やっぱり家業化しないようにちゃんと仕組みを持っておるんですね。ということでございます。

　そういう中で自分だけ給料を下げると，どういう悲劇が待っておるかということでございまして，私が下げたもんで，後で資料が出てきますけれども，あと何が行われたかというと，やっぱり議員さんも下げました。リコールまでやりましたから，減税条例を市議会が否決しましたものですから，一丁目一番地の公約を否決された場合は，これはリコールだと，とことんやらないかん，守らないかんということでございまして，リコールまでやりまして，結局，初めは10％減税だと言っておったんだけれども，最後，過半数はとれませんでしたし，その後，いろんなことが起きまして。

　アメリカの場合はもっと市民の力が強いもので，候補者が社会の中に養成されておって，新たな議員をリクルートしますと，議員候補者をリクルートしますと，それなりのことが起こるんですけれども，日本で新たな候補者をリクルートしますと，この苦労たるや大変なことでございまして，いろんなことがあって過半数をとれないこともありまして，5％減税ということで可決されたということでございます。

可決されて，大きい財源としましては，市会議員さんも給料を半分にしたんです。私の給料を3分の2カット，800万円を全会一致で認めて，自分らの給料二千何百万円というのはどうなっておるんだ。手当を全部入れてですけれども，給料だけだと当時1,400万円か1,500万円だったかな。うわあ，何だということになりまして，一応議員さんも半分に減らした。その後，いよいよ御本体であります公務員の給料になるわけです。

これも後で出てきますけれども，減税するためには，地方税の減税は，日本の場合は総務大臣の許可が要る。許可の通知が添付してありますので後で見ていただくとわかりますけれども，許可はどういう意味かというか，結局，それは全部起債を起こして，それを財源にして減税してはいかんだろうというような議論ですわ。絶対いかんとは申せませんけれども，一般的にそうも言えるということで，財源をつくらないかん。

10%減税だと大きいけれども，5％だと年間だいたい110億円ですね。名古屋で年間110億円減税するためには，110億円の真水をどこかでつくらなあかんのです。それは総務大臣が，毎年，総務省が審査いたします。商売で言ったら，本当にばからしいですね。それでは，値下げするのに経済産業大臣の許可が要るのかという話ですね。考えられない状況でございますけれども，そういう仕組みになっております。

どうやってお金をつくったかというと，御本体は職員ですね。これが名古屋市で当時2万6,000人，これもグラフをつけておきましたけれども，2万6,000人おったわけです。今，2万5,000人ぐらいですけれども，私が市長になるときに給料は日本一高かったんです。東京都を除きまして，たしか平均689万円だったと思いますけれども，これを1割総人件費をカットだということをワーワーワーワーやりまして，実は交渉もあったんですよ。

そんなことを市役所の職員に言って，どえらい優しい，心が温かいやつばっかりだなという人がおりますけれども，そんな生易しいものではありません。世界中に自分の給料を下げて喜ぶような人は誰もいませんから，某飲み屋で市役所の某現場をやっている連中と話をしておったら，それじゃ，河村さん，おれたちに一肌脱いでくれ，それを乱発し合うものだから，起債を減らすとか，

そういうもんじゃない，減税するんだ。減税ということは，市民にそれだけお返しするんだと。あなたたちが給料を減らした分は市民に戻るんだ。だで，一肌脱いでくれという話を聞きまして，それから毎日のように一肌脱いでくれというのを連発しまして，それと自分が下げとるということね。

　市長が，悪いけれども，当時は 2,560 万円だ，今は 2,800 万円まで上がっていますけれども，やっぱり政治というのはすごいですね。知らぬ間に給料がぽんぽん上がっていきますけれども，2,560 万円だったと思います。ちょっと違うかわかりませんけれども，わしがそれを 800 万円まで減らす，3 分の 2 カットするんや。退職金も廃止するんだと，4 年，1 期で 1 億 2,000 万円，2 期 8 年で 2 億 4,000 万円，市民に返すんだ。その返し方というのは市民税の減税なんだと言いましたら，ウーンということで，まあ，しようがないということになりまして，名古屋市の市の職員が日本で一番高かったのが今 14 位まで下がっております。

　政令都市で 14 位まで下がって，689 万円だったのが 618 万円ですか，1 人頭 70 万円，2 万 6,000 人になりますと，70 万円掛ける 2 万 6,000 人は幾つになるかというと，普通はすぐわからんですけれども，私はしょっちゅうしゃべっていますので，毎年 180 億円になります。毎年です。これは人件費ですから，ちゃんとした固定費で毎年，180 億円の本当の真水ですわね。ほかの改革もありますよ。人件費だけで，金に色がついておらんもので，いろいろまざって改革になりますけれども，人件費の現金というのは一番わかりやすいですから，180 億円財源をつくった。

　実は河村さんが市長になったときに，ああじゃ，こうじゃありましたけれども，そのときに，今から言えば 8 年前ですけれども，名古屋市は 180 億円の現金を別個につくったわけです。そのうち 110 億円が減税です。110 億円が減税で，初めは 10％でしたからもうちょっとですけれども，今はずっと平均 5％でやっておりますので，名古屋は 100 万世帯ありますので，5％でいきますと 110 億円。

　ぱっと言いますと年間 1 万 1,000 円，法人市民税減税分が 32 億円ありますので，30 億円だとして 110 億円だと 80 億円だとすると 8,000 円ですけれども，

法人市民税減税分も市民に影響もあると。ちょっと減らかしていって，覚えやすく言っていただくと，この中の名古屋市民の皆さんは誰も「ありがとう」と言ってくれませんけれども，1世帯当たり年間1万円ずつ減税になっておりまして，もう既に8年たちますから8万円戻っておるんだけれども，誰も「Thank you very much」と言ってくれん。やっておれんな，河村さんといって。

この間，某政府高官と会いまして，えらい言っていましたよ。市長，自分のお給料をこんだけ下げて。言っておきますけれども，覚悟すれば800万円ですから暮らせますから。200～300万円であるとなかなか苦しいから，手取りでじゃないですよ，総支給ですから手取りは500万円ぐらいじゃないですかね。それを受けて，議会は半分にしたけれども，またこの間，戻してまったがな，3分の2持っておるもんだで，でしょう。

ちなみに，私はしょっちゅう言っておりますけれども，ここでワーワー言うのはあれなんですけれども，市長と議会を両方選ぶ場合は，アメリカの物まねなんですけれども，アメリカは議会はノンパーティーなんです。これはちゃんとルールに，ロサンゼルスシティーチャーターですか，あれにノンパーティーと書いてありまして，1人1人がちゃんと同意をせい。電話をかけたら，あの市長よ，あんなもんよ，みんなで否決したろかいというのは，それは違法なんですよ。そんなもの当たり前じゃないか。そんなことができたら，市長は解散権を持っておるのに対抗できませんよ。

二元代表制なんて，私は国会議員になってみて，あれは和製英語であって，あれは美濃部さんが議会がなんでも決めるけれども，おれも都民から選ばれたんだということで，あちら側から二元代表と言ったことで，二元代表なんていうことはあり得ないんですよ。市長も選ばれたなら，議員も選ばれたら立派ですよ。しかし，徒党を組んで政党政治をやるんだったら，それに対して市長というのは対抗手段が，解散権がないとおかしいですから。だから，ロサンゼルスなんかは無所属なんですけれども，みんなそう。

たしか地方議員は立候補のときから党派を名乗れないというルールですよ。ニューヨークの市会議員だけは名乗れたかどうか知りませんけれども，みんなそうだし，だいたいみんな連続3期12年でやめますので，誰か親分がおった

としても，おまえ，賛成しろと言ったって，3期12年でやめる人とか，ほかのようにボランティアでやっておるところなんかは，何のために議員になったんだということでありまして従いませんよね。しかし，名古屋はそうなっておりませんので，これはまた市会議員さんの給料が倍に戻ってしまったんです。3分の2持っていますから，私は減税日本で本当は過半数とりたかったんだけれども，正直言って，これはうまいこといかんですわ。

　ということになりまして，さっきの話を繰り返しますと，ある政府高官が言っていましたのは，河村さん，本当にやっておれんでしょう。こんだけ給料を減らして，ほんで市役所の職員も1割減らして。

　市民に税金をそれだけ返して，ほかの改革もあるけれども，180億円財源をつくって110億円減税。いま1つわかりやすいので，今まだ70億円あるじゃないですか。180億円つくって110億円，70億円ありますわね。

　あと，有名な政策では，今，日本中，待機児童の話をようしていますわね。下手をしましたら，この待機児童が多分日本でナンバーワンの政治課題じゃない。私が市長になるとき，名古屋市は実は待機児童2年連続ワーストワンだったんです。具体的に言うと，3年ぐらいかけて保育園は7つか8つしかつくっていなかった。それはいかんわということになって，それから3年で70個か80個保育園を一遍につくりましたよ。ほぼ10倍。今，名古屋はどうなっておるかといったら，待機児童は4年連続ゼロですね。名古屋と京都だけです。

　なんでできるのかといったら，それはお金がかかるんですけれども，今言いましたように，180億円現金をつくって，110億円は減税ですから，まだ70億円，実際はもっとほかの改革もあるんですけれども，70億円あって，使ったお金は30億円ぐらいですね。もっと金は使っておりますけれども，国から，いわゆる補助金が出ます。補助金といったって，実際は名古屋が上納しておる金ですけれども——ということが起こったということでございまして，あと，資料をつくってまいりました。

　1ページ目，減税条例はこういうことでございまして，税率は5％軽減した税率とするということで細かく書いてありますが，それは後で見たってくださ

い。

　減税の規模は，次のページ，減税額117億円で，法人が32億円，個人市民税が85億円ということでございます。

　条例の目的としましては，これは条例に書いてありますけれども，「現下の経済状況に対応し，市民生活の支援及び地域経済の活性化を図るとともに，将来の地域経済の発展に資する」と，市長提案理由として，行財政改革を不断に実行していくための強力な推進力，納税者の皆様に対する感謝のメッセージ，地域社会に寄附文化を根づかせるためのかけ橋ということで，先ほど言いましたように，行政の許可が要りまして，許可の内容というのは全部真水で出すこと，行革で出すこと。端的に言いますと，起債でぽんとつくって，それを減税に充てることはできないということですから，おのずと行革になりますということで，減税の規模は今書いてあったとおりでございます。

　次のページに行きまして，市民税減税ができるようになった経緯，2ページですね。これが平成11年に成立した地方分権一括法により地方財政法が改正され，平成18年度から標準税率未満の自治体においても，総務省の許可を前提に地方債の起債が可能となったということで，平成18年以前においては減税すると，標準税率未満課税をやりますと起債ができないという状況だったん

・河村たかし率いる名古屋市は，市民生活の支援，地域経済の活性化を図るとともに，将来の地域経済の発展に役立てようということで，個人については平成24年度，法人については平成24年4月1日以後に終了する事業年度分から，市民税の税率を一律5％引き下げている。

●名古屋市の個人市民税の税率

区分	税率（他の市町村）
均等割	3,300円（3,500円）
所得割	5.7％（6％）

・「増税は正義」のような考え方が蔓延し，政治がそうした考え方を後押しし「重税国家」路線を走るのでは，この国の国民に未来はない。
・血税浪費につながるムダを削り，「市民・納税者ファースト」の立場から実施している名古屋市の市民税減税を紹介し，自治体租税政策の羅針盤となる税財政政策のあり方を探ってみる。

【平成 29 年 12 月 9 日特別講演】

名古屋市の市民税減税条例

1 目的

　現下の経済状況に対応し，市民生活の支援及び地域経済の活性化を図るとともに，将来の地域経済の発展に資する

2 税率

　名古屋市市税条例に定める税率から 5 ％を軽減した税率とする

（1）個人市民税
　【均等割】　減税前　3,500 円　→　減税後　3,300 円
　【所得割】　減税前　　6 ％　→　減税後　　5.7%

（2）法人市民税
　【均等割】

法 人 の 区 分		税　　率	
資本金等の額	従業者数	減税前	減税後
公共法人・公益法人等	―	5 万円	4.75 万円
1 千万円以下	50 人以下		
	50 人超	12 万円	11.4 万円
1 千万円超　　1 億円以下	50 人以下	13 万円	12.35 万円
	50 人超	15 万円	14.25 万円
1 億円超　　10 億円以下	50 人以下	16 万円	15.2 万円
	50 人超	40 万円	38 万円
10 億円超　　50 億円以下	50 人以下	41 万円	38.95 万円
	50 人超	175 万円	166.25 万円
50 億円超	50 人以下	41 万円	38.95 万円
	50 人超	300 万円	285 万円

　【法人税割】

法 人 の 区 分		税　　率	
		減税前	減税後
資本金 1 億円超		12.1%	11.495%
資 本 金 1 億円以下	法人税額 2,500 万円超		
	法人税額 2,500 万円以下	9.7%	9.215%

3　減税の規模

平成 29 年度　　　　　　　　　　　　　　　　　　　（億円）

区　　分		均等割	所得割・法人税割
減　税　額	117	8	109
個人市民税	85	2	83
法人市民税	32	6	26

4　適用関係

（1）個人市民税　　　平成 24 年度分から
（2）法人市民税　　　平成 24 年 4 月 1 日以後に終了する事業年度分から

5　その他

　条例の施行後 3 年以内に市民税減税について検証する旨を附則に規定
　平成 26 年 11 月に検証結果を公表（市公式ウェブサイトに掲載）
　平成 29 年 11 月に再度検証し，結果を公表（市公式ウェブサイトに掲載）

6　個人市民税減税額のモデルケース（夫婦と子ども 2 人世帯）

平成 28 年度分の個人の市民税に適用される税制に基づく試算

収入額	減税前の税額	減税後の税額	減税額
300 万円	16,700 円	15,400 円	1,300 円
500 万円	91,100 円	86,100 円	5,000 円
700 万円	178,400 円	169,300 円	9,100 円
1,000 万円	320,600 円	304,400 円	16,200 円

（注 1）夫婦のうち 1 人が，もう 1 人に扶養されているものとして試算
（注 2）子 2 人のうち 1 人が 19 歳以上 23 歳未満，1 人が 16 歳未満として試算
（注 3）一定の社会保険料が控除されるものとして試算

です。起債ができないと行政はできませんので，したがって，減税というのはできないというのがそれまでだったんですけれども，平成11年にこういう法律が通ったということでございます。

そのときの通った状況を調べてみますと，通したのは国会ですけれども，実際は総務省がやっておりまして，総務省が言っておるのは，やっぱり行政改革をやって減税という格好で市民に戻すということはええことじゃないかというのが1つ。それから，やっぱり地方税も競争すべきじゃないかと，総務省もええこと言っていましたね。たまにはええことをやるぞ。

確かにそうですよ。私は零細企業をやってきましたけれども，なんで経済が発達したかというと，これはよりよいものをより安くつくる，これは自国の競争のおかげですわな。よりよいものをより安く。それじゃ，地方税だって，よりよい公共サービスをより安く提供するというのは競争してもいいじゃないのかと思いますね。私はこれは思います。そういう精神で平成18年にできたということで標準税率の改正，いろいろごちゃごちゃ書いてありますけれども。

ただ，なおの後，なお，地方税法第314条の3において個人市民税所得割の税率は，1つの率でないとならないとされておりまして，これが……。

要は地方税法314条の3というのがありまして，個人市民税所得割の税率が1つでないといかんという条文を実はつくったものだから，普通わかりますけれども，金持ちの減税率を少なくして，庶民の減税率を多くするとすると，人聞きがええことは，これはそうじゃないですか。それだし，そういうことも言えるということで，平成18年までだったと思いますけれども，市民税の税率は，庶民は3，普通は8，それから金持ちは10じゃなかったかな。たしか累進税率だった。だけれども，平成19年に単一税率に変わりまして，1つの税率と。それが今回の6％の1つの税率にする。

その考え方は，会費収入みたいなものだと。金持ちのうちも庶民のうちも，ごみの収集車は同じように来るという考え方で，単一税率にしようということになりまして，したがって，減税した場合でも，これは単一税率ですから，金持ちの税率を，減税率を少なくするということはできないというふうに，これは総務省からはっきり言われまして，大分やったんですけれども，税はもう1

個条文があって，地方税は自治体に応じていろいろ柔軟にできる（不均一課税）という条文もたしかありますから，そっちでいいじゃないかと，相当熱心にわしも総務省にワーワーやったんですけれども，この条文がある以上は，1つのと明確に書いてあるから，それはやっぱりだめだということになりまして5％減税ということ。

　それから，税はシンプルという1つの大きな命題もあって，ややこしいバーっとなるよりも，当時，初めは10％と言いましたけれども，5％減税と言ったほうがわかりやすいのではないかということでそうなったということでございます。

　それから，効果のことがいろいろ書いてありますけれども，いろんなことがありまして，疲れますけれどもね。

　あと，こっちのほうはよしと。

　あと，資料のほうに行きましょうか。資料1でいきますと，先ほど言いましたように，資料1は地方財政法5条の4に明確に書かれておりますけれども，「いずれかが標準税率未満である地方公共団体は」云々と書いてありまして「総務大臣又は都道府県知事の許可を受けなければならない」と，政令市の場合は総務大臣の許可が要るということになったわけです。

　次の資料2です。これが総務省の許可の通知という恐ろしいものです。こういうものをいただくことになる。これは申請して，毎年出さなければいけません。聞くところによると，アメリカには地方税法というのがそもそもないんでしょう。そうだよね，たしか。たしかそのはずですけれども，たしか石村さんがそう言っていました。地方税法というのはないんだよ，そんなものといって。確かにそうだね，それは。

　アメリカの場合は州がやっていますからあれですけれども，だから，日本には地方税法というのがありますから，これは地方財政法に従って，ここに書いてありますように，平成29年云々の「地方財政法第5条の4第4項の規定に基づき申請のあった起債については，許可する」，平成29年9月28日総務大

14

名古屋市の市民減税条例

資料1

○地方財政法（抜粋）

（地方債の制限）

第5条　地方公共団体の歳出は、地方債以外の歳入をもつて、その財源としなければならない。ただし、次に掲げる場合においては、地方債をもつてその財源とすることができる。

一　交通事業、ガス事業、水道事業その他地方公共団体の行う企業（以下「公営企業」という。）に要する経費の財源とする場合

二　出資金及び貸付金の財源とする場合（出資又は貸付けを目的として土地又は物件を買収するために要する経費の財源とする場合を含む。）

三　地方債の借換えのために要する経費の財源とする場合

四　災害応急事業費、災害復旧事業費及び災害救助事業費の財源とする場合

五　学校その他の文教施設、保育所その他の厚生施設、消防施設、道路、河川、港湾その他の土木施設等の公共施設又は公用施設の建設事業費（公共的団体又は国若しくは地方公共団体が出資している法人で政令で定めるものが設置する公共施設の建設事業に係る負担又は助成に要する経費を含む。）及び公共用若しくは公用に供する土地又はその代替地としてあらかじめ取得する土地の購入費（当該土地に関する所有権以外の権利を取得するために要する経費を含む。）の財源とする場合

（地方債についての関与の特例）

第5条の4

4　普通税（地方消費税、道府県たばこ税、市町村たばこ税、鉱区税、特別土地保有税及び法定外普通税を除く。）の税率の**いずれかが標準税率未満である地方公共団体**（第1項各号に掲げるものを除く。）は、第5条第5号に規定する経費の財源とする地方債を起こし、又は起こそうとし、若しくは起こした地方債の起債の方法、利率若しくは償還の方法を変更しようとする場合には、政令で定めるところにより、**総務大臣又は都道府県知事の許可を受けなければならない。**この場合においては、前条第1項の規定による協議又は同条第6項の規定による届出をすることを要しない。

15

臣と。これは毎年もらうんですわ。だから，減税分というのは真水でちゃんと生み出しておるということを証明せないかんということでございます。

資料2

総財地第194号

名　古　屋　市

　平成29年9月1日付け29財資第22-2号で地方財政法（昭和23年法律第109号）第5条の4第4項の規定に基づき申請のあった起債については、許可する。

　平成29年9月28日

総　務　大　臣

名古屋市の市民減税条例

　資料3に行きますと，これが先ほど言いましたように，所得割の税率が第314条の3と，これね。「100分の6の標準税率によって定める率を乗じて得た金額とする。この場合において，当該定める率は1つの率でなければならない」という規定がありますので，盛んに金持ち優遇だとかいって。ふるさと納税も金持ち優遇だと言われてますね。

　減税も同じ率で5％減税しますので，そのかわり，この条文があるからしょうがないんですよ。本当は金持ちのほうがようけ持っておりますわね。しかし，その分，ようけ払っておったわけですよ。しようがないわな，これは。1つの率の定率でやった税ですので，残念ながら，違法なことはとりあえず革命でも起こさないとできんものですから，違法なことはできないということで，こういうふうになっております。

　資料4，これはいろいろありますけれども，これもいろいろあって減税，政治的な問題を言いますと，減税というのは，それから平成18年に法律ができ

資料3

　○地方税法（抜粋）

　（所得割の税率）
　第314条の3　所得割の額は、課税総所得金額、課税退職所
　　得金額及び課税山林所得金額の合計額に、100分の6の標
　　準税率によつて定める率を乗じて得た金額とする。この場
　　合において、当該定める率は、一の率でなければならない。

　（注）平成30年1月1日から下線の次に「（所得割の納税義務
　　者が地方自治法第252条の19第1項の市（第314条の6及
　　び第314条の7において「指定都市」という。）の区域内に
　　住所を有する場合には、100分の8）」が加わる。

17

て減税ができるようになった。平成18年，19年，名古屋が減税をやりかけたころには，たしか10都市ぐらいがやったんじゃなかったですかね。日本中で10都市ぐらいが。では，今はどうなったかといったら，これは全部やめということで，相変わらずというか，やせ我慢というか，恒久で減税を続けておるのは名古屋市だけでございます。当時，3,300ぐらい自治体があったと思うけれども，今は1,700幾つだと思いますけれども，名古屋市だけ。えらいもんですよ，これは本当に。誰も褒めてくれへんと。

　なんでみんな減税をやめると思いますか。先ほど言った僕のところへ来た政府高官と，わしがよう言っておるのは，酒を飲まなやっておれんと。どういうことかといったら，問題は広がりゃせんからですよ。ある意味では起債を財源にできませんので，行革をやらなければ減税ができないんですわ。

　だから，一番わかりやすいので言うと，やっぱり公務員の給料ですね。よく僕らに文句を言う人は，いや，それは河村君，名古屋だでできるんだろうと。トヨタ自動車がある名古屋だで。だけれども，公務員の給料というのは，実は田舎のほうが官民格差は大きいですよ。だから，5％とか1割とか，公務員がちょっと自分のところの給料を辛抱すれば，財源はできるんですよ。

　それぞれ皆さんのお住まいの自治体で，公表されていますから計算されてみたらいいですよ。職員の平均給与と何人おってと，それを5％なり1割減らす。そうしたら，どうなるか，それを市民税の額に当てはめてみると，本当に減税できるがやということになります。だで，せっかくつくったんですけれども，いかんですね。税金で食っとるほうの人は誰がおるかといったら，首長，それから議員さんと公務員ですわね。こっちは減税されるとそれは嫌でしょう。一番嫌じゃないですか。これは公務員の一番おいしい食べ物といったら税金ですから，増税すれば，自分の仕事というか，テリトリーがふえますので，いろいろなことができるということになりますわね。

　減税されるのが一番嫌だ。自分の給料が減る可能性があって，現に名古屋が減りましたから，ということになって，これは公務員が強いで何ともならんでしょう。となると，本当はマスコミがある程度言わないかんわな。最後の結論を出していくといいんですけれども，名古屋の場合は110億円毎年減税してい

名古屋市の市民減税条例

資料4

マクロ計量モデルによる経済的影響のシミュレーション分析

1 分析の前提

区　　分		分　析　の　前　提
［ケースⅠ］ 　平成24年度以後、市民税5％ 減税を継続的に実施	減税	5％減税を実施
	歳出	政府支出は計量モデルによる推計値
［ケースⅡ］ 　平成24年度以後、市民税5％ 減税を実施しない	減税	実施しない
	歳出	計量モデル上の政府支出に減税相当 額と国庫支出金等相当額を上乗せ
［ケースⅡ-②］ 　平成24年度以後、市民税5％ 減税を実施しない	減税	実施しない
	歳出	計量モデル上の政府支出に減税相当 額を上乗せ

（注）減税額を117億円とした場合、ケースⅡにおいて政府支出に上乗せする金額は、政府最終消費支出109億円、公的
　　総固定資本形成33億円となり、公的総固定資本形成の内訳は一般財源である税8億円、国庫支出金等25億円である。

2 分析の結果

区　　分		ケースⅠ A	ケースⅡ B	ケースⅡ-② C	差　引 A－B	差　引 A－C
名目市内総生産		4.27% (0.42%)	4.58% (0.45%)	2.92% (0.29%)	△0.31% (△0.03%)	1.35% (0.13%)
名目民間最終消費支出		5.94% (0.58%)	6.50% (0.63%)	3.41% (0.34%)	△0.56% (△0.05%)	2.53% (0.24%)
企　業　所　得		14.81% (1.39%)	16.50% (1.54%)	9.84% (0.94%)	△1.69% (△0.15%)	4.97% (0.45%)
人口の社会増減		87,490人 (8,749人)	88,717人 (8,872人)	81,501人 (8,150人)	△1,227人 (△123人)	5,989人 (599人)
税　　　　　　収		0.47% (0.05%)	3.04% (0.30%)	2.71% (0.27%)	△2.57% (△0.25%)	△2.24% (△0.22%)
	個　人　市　民　税	0.41% (0.04%)	6.27% (0.61%)	5.73% (0.56%)	△5.86% (△0.57%)	△5.32% (△0.52%)
	法　人　市　民　税	16.03% (1.50%)	22.54% (2.05%)	21.33% (1.95%)	△6.51% (△0.55%)	△5.30% (△0.45%)

（注）1　各指標について、平成24年度から平成33年度までの10年間の伸び率をシミュレーションしたものである。
　　　2　（　）内の数値は年平均（幾何平均）の伸び率である。

ますけれども，税収は私，これでもう8年やっていますけれども，4年で110億円分戻りました。さすが，全部減税のためとは言いません。それはトヨタ自動車のおかげもあるかもわからない。あるかもわからんですけれども，4年間で110億円分戻りまして，もう4年たちますので，来年か何か，110億円減税したのが220億円実は増収になっております。ということなんです，これは。

わしがよう言っておるのは，国の政治もそうだけれども，ほかの地方の方もよう言いますけれども，福祉のために税金を上げないかんとよう言うじゃないですか。名古屋なんか減税しておるので，それこそ福祉がたがたにならないかんじゃないですか。とかいって，誰も褒めてくれんですけれども，待機児童もそうですし，敬老パスだってむちゃくちゃ安いし，私は名古屋が福祉日本一だと思いますよ。どこか文句言っていただいてもいいですけれども，日本一です。話がおかしいんじゃないのといって。ということは，やっぱり減税すると増収になると思うんですよ。可処分所得をふやしますから，そのほうが，そういう政治がいいじゃないですか。そうでしょう。

だけれども，もう1つ言いますけれども，問題は，それを決めるのは議会ですね。議会がリコールまでやりまして，代理戦争もいろいろありましたで，可決しましたけれども，先ほど冒頭に言いましたように，みんな日本では家業になっていますから，外国はボランティアないし任期制限なの。そうすると，議員というのは何年かやったらやめるんですわ。やめて民間で仕事をやらなあかん。となると，民間の目から見ますから，やっぱりそれは減税のほうになるわけですよ。

反対に，日本みたいにずうっと議員で食っていこうと，これは平安時代だね。藤原道長だ，今の日本はこんなものですよ。ということです。議員が家業になって，議員でずっと飯を食って続ければ，これはそんなもの，減税より増税のほうがええに決まっているじゃないですか，こんなの。そうでしょう。ということになってしまって，議会が何と減税はいかんと言いかけるんですよ。という話になって，ちょっと待って，議員というのは納税者のラーメン屋のおやじの味方じゃないのか，公務員の味方かいと。いやいや，実は公務員の味方なんだ，これが本音ですわね。わかります，それは。

20

ということで，要は減税というのは，今やっておるのは日本中で名古屋市だけでございます。だから，総務省から感謝状をもらわなあかん言うとるの。こんなばかなというか，本当にその気になりますよ。

それでは，次の資料5というのに行きましょうか。これで何が言いたいかというと，一番右，細かいやつはちょっとわかりませんのであれしますと，資料5の縦になったグラフがあるでしょう。これが平成26年度市内総生産の対21年度増減寄与度（名目）とやってございまして，名古屋が，実はGRPという指標があるんです。GDPというのは国家のことですけれども，グロス・リージョナル・プロダクトということで，それぞれ名古屋市とか，ここでいきますと横浜，京都，大阪，神戸というところが21年，22年，23年，24年，25年，26年の6年間でどれだけ成長したかというのが数字でちゃんとわかるようになっております。

これを見ていただきますと，名古屋がトップ，5.2％ということです。名古屋が一番成長しておると。第2位が次の神戸ですか，4.7％，次が京都の3.8％，それから次が大阪の1.8％，横浜なんかマイナス0.1％というふうに成長しております。事業のこれも言っておるんだけれども，テレビや何かを見て，コメンテーターか何かが出てきまして，財政がどうのこうの，皆さんの前で言うと感じ悪いけれども，財政とかああいうものは，要するに総務部であって，私は名古屋市役所で言っておるんですよ。名古屋市役所というのは，名古屋市全体が栄えておればええんだと。これは言ってみれば総務部なんですよ。

日本国もそうだけれども，日本国が財政赤字だと，そんなの大うそで，名古屋もそうだけれども，日本ほど財政の健全な国はありませんよ。金が余ってまって，余った場合は貯蓄投資バランスに従って一般勢力が使うのであって，それを起債と言っておるんで，何を言っておるんだということで，要するに，市民全体の経済規模は，ちゃんと延びておるかどうかが全てなんですよ。この経済規模にかける何％ということで，税金程度はもらえますから。あまり財政が——財政か何か知りませんけれども，本当に威張らんことだね。何なんだということでございますよ。

21

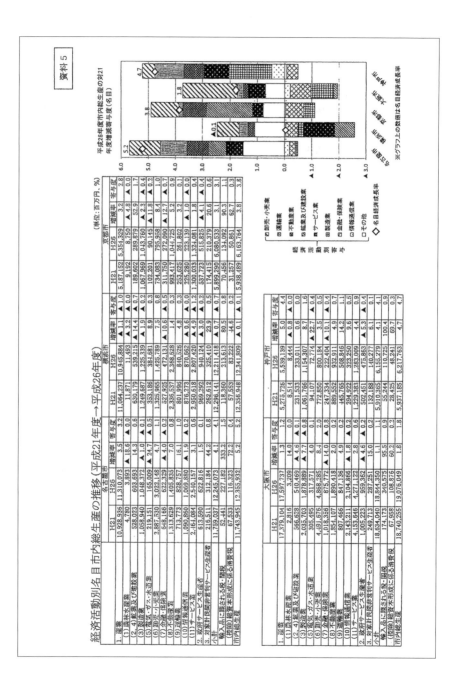

名古屋市の市民減税条例

　これを見ていただきますと，名古屋が一番，5.2％で，ずっとグラフを各業種別にいろんなマークがついておりますけれども，業種別にいろいろ見ておるんです。特に別に製造業はいいですけれども，全体的に非常にバランスがとれてマイナスが少ない。0.0より下はマイナス，足を引っ張っておる産業分野というのがほかの都市と比較して少ないということで，減税という毎年110億円ずつ皆さんに戻しておるというお金が底辺としてきいておるのではないかというふうに——これはもうちょっと分析できんかと言っていますけれども——思われますけれども，これはトヨタだけのおかげでしょうか。

　トヨタはすごいですけれども，名古屋港なんか毎年6兆円も貿易黒字があるんですよ。ことしは7兆円になるんじゃないかと。輸出は10兆ぐらいありますけれども，輸出から輸入を引いた，名古屋港は毎年6兆円でしょう。半分はトヨタ自動車ですけれども，部品まで入れると6割ということで，物すごい金が，名古屋港は南のほうですから，どっちのほうになるかよくわかりませんけれども，見ていただきますと，毎日すごい金が海外から入ってきております。アメリカですか，中国も今多いですかね。すごいお金がありますね。

　ということでございまして，実は名古屋なんか金が余ってまってどうしようもない。

　毎年，名古屋市の担税力といいますか，たしか毎年上納しておるお金が1兆5,000億円だったと思いますよ。交付税は110億円ですか，これは思うんですわ。そういう仕組みなんですわ。数年前，私が調べたところでは税金，最大上納都市ですね。都市でいきますと，2位は川崎，3位は大阪ということでございまして，皆さんは物すごい金を国家に上納しておる。そのお金が北海道や沖縄やら，ずっといろいろなところに分配されて行っておるということでございます。誤解されませんように。

　ということで，GDP，GRPと言いますけれども，伸びは名古屋がトップだと。なぜなんだということは，やっぱり減税は関係ないのと。関係ないと言う人もおるかもわからんけれども，GRPがトップなら，それでいいじゃないのということですわな。ようけ税金をむしり取るところのほうがええんですか。そう思うが，言っておきますけれども，威張っておる会社はつぶれますよということ

23

です。

　次の資料6では，名古屋市の市税決算額はどうなったか，これはわかりやすいですよ。私が市長になったときは平成21年だったですね。これを100％としますと，そのときが平成21年度は市税決算額が4,938億円ですね。それで初めは10％減税しましたから，だから，次の年は160億円どかんと下がっております。そこで議会と大もめになって，リコールまでいったわけです。
　それからどうなってきたか，次は5％減税で，しようがない，過半数とれんもんだで，正直言って5％で妥協したわけです。それで次の年は，いや，これだけ戻りまして，一番下がったときは市税が4,762億円，次が4,861億円ということで，一番最初のところまで，110億円戻ったところはどこだったかな，減税額110億円で，4年ぐらい下げといった話ですわ。これはグラフ全体を見ていただければわかりますけれども，だいたい100％のところへ平成26年で102になっていますから，減税額はここで取り戻しています。

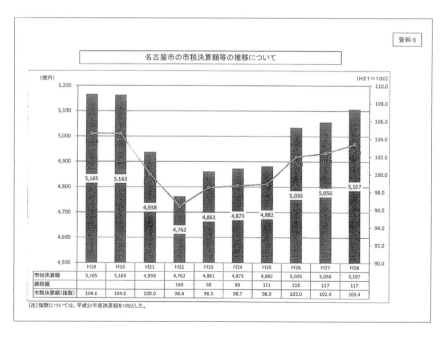

それからまた，平成27年，28年となりまして，103.4ということで，もうちょっとで最高税収に達する。平成19,20年，この辺のところになっております。先ほど言いましたお話はうそではなくて，実際110億円減税したらもう1～2年かかりますけれども，220億円になって返ってきたというのが名古屋市の税収でございます。

　それからもう1つは，これを見せると公務員が怒っておりますけれども，次の資料7，名古屋市の普通会計決算における人件費の推移についてというのが次でございます。これは，このように平成21年1,798億円だったのが1,614億円ということですね。これだけドカーンと下がっておりまして，これは怒るわね。わしも名古屋市役所を歩いておれんですわ，これは本当に。ここ椙山女学園に来たら，どんだけ酸素が多いことかと。市役所は酸素が少なくて困っておるんや。こういうことをやればええ。これで1,614億円ですけれども，これが今割りますと平均618万円です。

　だけれども，民間から比較すればええですよ。今，一番苦労していらっしゃ

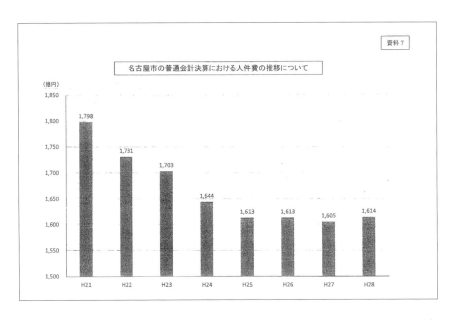

るのは，ろくでもないおとっつぁんと結婚して，1〜2回別れたお母ちゃんたち。これはみんな年収200万円ないですよ。夜8時，9時までパートのかけ持ちをやって必死になって生きておる。夜までパートのかけ持ちしていたら，うちへ帰れんせん。子供たちがうちで飯を食えんもんで，コンビニにみんな集まって不幸が起こる。これは物すごいですよ，こういうの，名古屋でもです。

　ここでは言えませんけれども，表に出んような話はたくさんあります。特に高校生なんかも多いです。高校生とそのおっかさん，みんな頭を抱えちゃって，いじめの話ばっかりよく出ますけれども，いじめは法律ができたから，いじめって別にありますけれども，いじめではない，例えば発達障害があるとか，ちょっと成績が悪いとか，親がけんかしておるとか，それからちょっと体が不自由だとか，そういうことを深刻に思って最悪のケースに至る場合が物すごくぎょうさんありますよ。そういうお母ちゃんたち，収入100万円以下。それで民間の人はみんなだいたい400万円台でしょう。公務員が618万円あればええやないの。

　数年前に人事委員会勧告というのがありまして，わしもそんなもん，文句を言っておりますのであれですけれども，ことしは若干なりましたし，若手のほうを割と上げて，上は上げんというのを出しましたから，これはええかとは思っていますけれども，公務員は優秀だで，ようけ給料を上げたってくれと言うもんね。公務員って優秀なんですか。試験を受けたことだけは認めるけれども，なんで公務員が優秀なんですか。

　こういうことはあまり言わんほうがいいですよ。なぜかというと，権力を持っていますから。どのぐらいの権力かといいますと，名古屋市の予算というのは2兆5,000億円から6,000億円あるんですね。水道とか地下鉄とか入れまして，全会計2兆6,000万円。職員が2万5,000人でちょうど割れるんですよ。となると，公務員1人頭，年間だいたい1億円の処分権を持っています。

　1億円というと，皆さん，民間の会社で割ってやってください。全然ありませんから。売り上げで割っちゃいけないよ。公務員の場合は一応処分しますからと言ったら，そんな勝手には使えんで，当たり前だ，そんなことを言って，これはほとんど義務的経費ということで，保育園のお金だとか，生活保護だと

か，そういうのが多いですけれども，しかし，自分で処分する権限を持っておるわけです。会社で言いますと，粗利益ですね。売り上げから売り上げ原価を引いた粗利益を従業員で一遍割ったってみてくださいよ。１億円なんてとんでもない，ありません。だから，公務員というのはすごい権限を持っています。

いろんな話もごちょごちょと，公務員と民間の方と相談すると，一発で民間はだいたい撃沈してきますね。ちょこちょこっと言われると，みんなアウトということです。それはそれだけの許認可と金も持っておるんでという，すごいところですから。その分，全公務員に年間１億円ずつ皆さんが納税しておるということです。いわゆる公共料金も入れてね。水道とか，そういう交通も入れてですけれども，だから，すごいよということで，これだけ人件費を減らしましたということで。

あと，もう１つ資料８ということで，これは……。

新しく差し替えですけれども，これはなんとなく左の隅のあれがあると，これは大阪とか神戸がよく見えますけれども，何か計算方法が違っておるんやないか。計算方法が違うやつを持ってくるなと言うんだけれども，これは市債現在高ということで，ずっと大阪，横浜，名古屋，京都，神戸と人口比がいろいろありますので，裸の数字ではいけませんけれども，名古屋は私が市長にならせていただいてから，市債残高で言うと5,000億円減りましたですね。これは，いわゆる健全だということです。減税すると実は財政は健全化すると思うんです。逆だでね。頭に置いておいてちょうだいよ，本当に。いわゆる健全化です。

だけれども，しょっちゅう言っておりますけれども，実は財政危機というのはうそなのであって，日本は金が余って困っておるんです。外国から来た金というのは内部で余るんですよ。三面等価の原則と言いますけれども，これは説明するのはなかなかいかんわい。わしは古紙屋の息子だもんでよ，どうしてもおれの言うことを信じてくれへんです，世の中は。もっとペケペケ大学みたいな権威のある人が言うんだったら，やっぱりリチャード・クーさんですね。リチャード・クーさんは本物の経済学者です。ペケペケ大学のそういう人たちは，別に受験勉強でペケペケ大学へ行っただけで，そんなものは学者でもなんでも

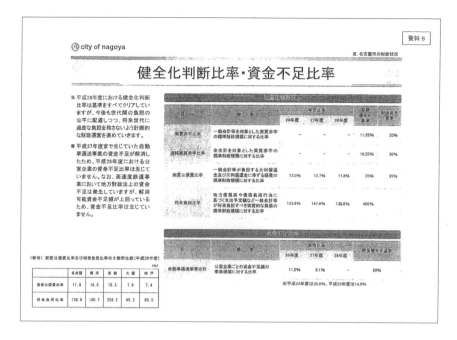

ないですから。

　ということで，どうやっていったらいいかというのは，この間うちからいろいろ考えておるんやけれども，じゃ，トヨタのレクサス，1,000万円でいいやつがあったとしますね。国内で売った場合，誰かレクサスを買ったと。そうすると，皆さん御承知のように，生産＝分配＝消費ということで，生産したものを誰かが買った場合は，その雇用者に対してお金が回っていかないかんです。それは1,000万円で買った人がサラリーマンだったら，その会社の社長のところへ1,000万円いかないか，それは国内だと回ります。

　しかし，これは外人が買った場合ですよ。要するに，外国から借りてきた，入ってきたお金。外人がトヨタのレクサスを1,000万円で買った場合は，お金は入ってきますわね。お金は入ってくるけれども，外国人の，例えばアメリカ人の雇用主のところにお金が1,000万円行かんじゃないですか。だから，お金というのは余るんですよ。その場合はかわりに政府部門が引き受けるということで，当然のように名古屋市とか愛知県とか日本国だとか，そういうところが

名古屋市の市民減税条例

引き受けて，お金を回す，お金だけ入ってきますから。というのが三面等価の原則なのであって，先ほど言いましたように，名古屋港に毎年6兆円入ってきますので，これはすごいですね。

どのくらいの金額かようわからんもので，わしは一杯飲みながら，給料が安いで，いつも古出来町の居酒屋でよう飲んでおりますけれども，あと，人の金で飲むときは高い酒を飲みます。ええやつねぇかと言って，自分の金で飲むときはだいたい某焼酎ですわ。その居酒屋で飲むと，ボトルが入っておって飲むだけなら，2,000円で飲めんことはないです。2,000円で6兆円って，どのくらい名古屋港だと飲めるかといったら，30億回飲めますね。この間，飲みながら計算しておった。

30億回飲むと何年かな思って，一応365日飲んでおるといかんで，300日にしますと，30億回と300日になると1,000万年飲めるということで，すごいですよ。毎日，居酒屋で1,000万年，65日は休肝日にしまして，飲み続けるような物すごいお金が名古屋に入ってきまして，これは某銀行というのが，実は河村さんの言うとおりですわ言うて。物すごい金で，名古屋なんかでもこうやって起債を減らしたり，日本中財政危機だといって，要は自治体がみんな金を使えへんわけですよ。何か借金だ，借金だ言われて，利息を払わないかん。

この間，気づいたんだ。利息分は既に，実はお金が外国から入ってくるというだけで，トヨタはもうそれだけ分のレクサスは生産していますから。だから，実はそれだけの経済効果はもう既に発生しておるんです。ということでございまして，某銀行なんかでも困っちゃっておりますね。お金はどうしたらええんだということで，名古屋で使わない場合は，普通は国債を買うんですわ。

国債を買うんですけれども，最近は国債に資金を持っていってまうもんで，どうしておるんだいうたら，何か日銀に金を積んでおくだけでええという制度があるんだってね。それは何じゃいうたら，逆金利で金利を払わないかんじゃないかといったら，いや，一定の限度額までは金利をもらえるんだと言っていましたけれども，積んでおる金で日銀がやっぱり国債を買っておるという状況，それで金利が低いということは，実は日本は物すごい金が余っておるということでございますけれども，金がねえ，金がねえと言って地方は使わないという

29

状況になってしまったということでございます。

　学問，あまりうちらみたいな商売は，本当に零細企業をやってきましたので，今，息子がやっていますけれども，従業員5人かそこらのを零細企業でやってきまして，あまり関係なかったですね。

　ただ，言えることは，僕らだと変なことをやっていると倒産するんですよ。だから，常にあるものを利用しようと，それは名古屋城だってそうですね。あれだけのものがあって図面があれば，木造にしようとしたり，いろいろ考えるんですわ。だから，本当に金がないのかと思いますわね。なんで金がないなら金利が低いんだと，普通思うでしょう。それで国会議員，本当は総理にならないけなんだですけれども，なかなかうまいこといかんもんじゃないですか。あのようになるかわからんといって。こんなことですか。

　それでは，子供のことを1つ言っておきますか。これは僕が死んだらぜひ語り継いでいってほしいんですけれども，先ほど言いましたように，名古屋も子供さんの不幸というのが物すごくありまして，4年前にある中学生が亡くなって，彼が遺言書でもしあの世があったら見てみますと。ありがとうと亡くなったけれども，それからすぐまた次の年も亡くなって，アメリカはどうなっておるのかなと思ったんですね。

　名古屋とロサンゼルスというのは50何年ですか，姉妹都市で物すごく古いんですね。アメリカ人というのは優しいし，キリスト教だということもありますけれども，それから異民族国家だから，これはどうなっておるんやろうかと。ロサンゼルスに行って驚くべきことがね。向こうの教育委員と話をしたんです。そうしたら，女の人ですけれども，4人か5人いましたけれども，こう言いましたよ。私たちは数学の授業は苦手です。だけれども，数学の先生は，私たちのような仕事は苦手なんですと。いわゆるスクールカウンセラーというんですね。日本もいますけれども，日本はみんな非常勤なんですね。学校は教職をとった教師のものなんです。スクールカウンセラーといって別の常勤がおるというのはないんですよ。

名古屋市の市民減税条例

　私はびっくりしまして，それからこれはえらい発見をしたなということで，これは日本で名古屋しかありません。いわゆる専門職による常勤のスクールカウンセラー，そのかわりトレーニングせなあかんから，これは大変ですよ。アメリカは，そのときに名前も言いますと高原さんといいまして，僕が直接電話をしたんです。教員は，どれだけ言われたって教員でない人を自分たちで入れることはしないんです。これはえらい発見をしたなということで，アメリカのケンタッキーのルイビルというところで，アメリカのスクールカウンセラーを10年やった日本人がいまして，僕が電話して，ええよと言って，ほいじゃ，一遍名古屋に行くわと言って，彼が今来てくれるからできるんですけれども，試行錯誤で大変でしたわ。

　養成するのは自分のところでやらないかんのだもの。今，だいたい100人になりまして，この4年間でもう子供さんの悩みの相談は5,000人を超えますよ。5,000人，もっとふやさなあかん。だから，先ほど言いましたように，それはどちらかというと，いじめのところからやってきたんだけれども，それもそれですけれども，発達障害があるとか，ちょっと成績が悪いだとか，親が離婚して大変だとか，そういうお母ちゃんたちに夜行って1時間，2時間の話し相手になってあげる。そういうことをやる人をつくらないかんです。

　そういう話をしておって，じゃ，アメリカはどうなのかといったら，教員養成するところの中に数学とか社会とか理科の先生はもともと教育学部に半分しかいないの。あと半分は，だから，子供さんたちをどう運営していくかということをやっておるんですよ。それを今名古屋でやろうということで，もう大変ですよ。これはやる人をつくらな。

　椙山女学園もやっていただければええですけれども，今のところやっておるのは，名古屋市立大学がことしから11人ですけれども，これは大学院ですけれども，そういう人たち，カウンセラーの専門職をつくる。それから，愛教大は，学部ですけれども，50人だったかな，こういうのが始まっていくのは日本で初めてですよ。

　ということが始まっていくというんだけれども，さらにやらなあかんのは，みんな日本の中でもそうだけれども，中学校でもがんがんに内申点でやられる

31

でしょう。内申点がちょっと悪いとか，発達障害が何かあると，みんな将来を悲観しちゃうんですよ。アメリカの場合はどうかというと，小学校ぐらいから大きくなったら何になるのということで，あなたはこういうことが合っているよと。就労支援といって，リクルートのああいうやつじゃないですよ。もっとこの子供さんに対して，どういう人生がいいのかということを応援してあげるキャリアカウンセラー，こういう人たちが学校に1人ぐらいちゃんとおるんです。500人に1人ぐらい。

　これがわかりまして，今，さらに今までのスクールカウンセラーを拡充してやっていこうということ……。

　まとまりのない話になりましたが，こんなところです。ご清聴ありがとうございました。

I　シンポジウム

所得概念の再検討

2017 年 12 月 9・10 日　第 29 回大会（於　椙山女学園大学）

1 ミード報告にみるイギリス型支出税の意義と課題[1]

川 勝 健 志

（京都府立大学公共政策学部准教授）

はじめに

1970 年代後半から始まった支出税論議の隆盛は，主要先進国で支持論が台頭し，導入勧告が相次いだ点に特徴がある。スウェーデンの「ロディン報告」（1976 年）やアメリカ財務省の「ブループリント」（1977 年），そして本稿で取り上げるイギリスの「ミード報告」（1978 年）などがその代表的な勧告である。

本稿では，ミード報告の主柱を成す支出税論（支出税を中心とする税制改革）がいかなる租税理論に基づいて主張され，制度設計されているのかをその背景をふまえつつ所得概念を再考し，その特徴や問題点を整理・検討する。その上で，同報告書の税制改革案をめぐる論点が示唆する支出税の意義や限界とは何かを明らかにしたい。

I ミード報告の背景

ミード報告が公表される背景となる 1970 年代のイギリス経済は，戦後長きにわたって主要先進国の中で常に相対的に低水準の成長率しか実現できない中で，1973 年の第一次石油ショックによって他の先進各国と同様に甚大な影響を受け，狂乱インフレと不況の深化の同時的進行によって，激しいスタグフレーションに見舞われた時期であった。そのため，ミード報告では税制改革がイギリス経済再建の手段として，また同時に不平等ないし不公平の是正の手段として強調されている。[2]

本稿では，ミード報告の主柱をなす所得税中心の税体系から支出税中心の税体系への切り替え改革をめぐる議論を主たる検討対象とするが，その出発点は，

35

当時のイギリス税制が以下のような問題を抱えていたことにある。

　第1に，投資所得の最高税率が極めて高く設定されていることが，租税回避を目的とした投資を促す誘因となっているという点である。イギリスの所得税制は，基本税率（basic rate）とよばれる適用階層の広い税率が設けられていることが特徴の1つとなっている。イギリスの所得税率を示した表1を見てみると，ミード報告が公表される前年度の1977年度で，33％という高い基本税率が6000ポンドまでの課税所得階層に適用されていることがわかる。また同表から見て取れるもう1つの特徴は，投資所得については，付加税率が適用されていることである。所得税の最高税率は83％であるが，投資所得を1501～2000ポンド得ている場合には10％，2000ポンドを超えると15％の税率が上乗せされる。つまり，2万1000ポンドを超える勤労所得を得ていて，かつ2000ポンド以上の投資所得を得ている場合には，98％という極めて高い限界税率が適用されることになる。

　第2に，所得税と社会保障給付が非体系的に組み合わされているという点で

表1　イギリスの所得税率（1977年度）

	課税所得階層（ポンド）	税率（％）
基本税率	0 ～ 6000	33
基本税率以上の税率	6001 ～ 7000	40
	7001 ～ 8000	45
	8001 ～ 9000	50
	9001 ～ 10000	55
	10001 ～ 12000	60
	12001 ～ 14000	65
	14001 ～ 16000	70
	16001 ～ 21000	75
	21001 ～	83
投資所得への付加税率	0 ～ 1500	なし
	1501 ～ 2000	10
	2001 ～	15

（出所）IFS（1978）p. 89, Table 5.6.

ある。当時のイギリスでは，社会保障制度で保障されている最低生活水準が所得税の課税最低限よりも高くなっていた。そのため，課税最低限を少し超えた所得階層では，所得税と社会保障給付の減少を合わせた限界税率が100％を超える「貧困の罠」とよばれる状況が最低所得階層においても存在していた。

　第3に，特定の資産を優遇する税制上の措置が貯蓄行動に歪みを与えているという点である。イギリスでは当時，家計部門の純貯蓄のほとんどすべてを構成している3つの貯蓄，すなわち持ち家，年金，生命保険への投資には免税や高度の優遇措置がなされていた。[3] その結果，イギリスではこれら3つの優遇資産で貯蓄することが，他の形態で貯蓄するよりも有利となっていたのである。

　第4に，所得税と法人税に共通して高率の減価償却が認められていることである。イギリスの税制では初年度に100％に近い減価償却が税法上認められている投資支出が多い。そのため，イギリスでは全資本控除の75％が100％の初年度償却によって占められており，その規模は国内総資本形成の約50％に相当する。[4] いいかえれば，イギリスの所得税・法人税では，企業活動による所得の課税ベースが収入と支出の差額（キャッシュフロー）でみた所得に近くなっているといってよい。このような課税ベースの資金ベース化傾向は，前述した当時のインフレの高進に対応し，企業固定資産の減価あるいはインフレ利益の課税を避けるために拡充ないし導入された一連の特別措置からもたらされたものといえる。[5]

　以上，当時のイギリスの所得税制が所得階層の両極端で極度に高い限界税率が設けられていたこと，企業の投資支出を事実上控除した形になっていたことが支出税の提案，あるいはキャッシュフロー基準の法人税提案の背後にあった。前述のように，貯蓄や利子に対してかなりの優遇措置が設けられ，基本税率でかなり高いレベルの所得階層まで比例的に課されていたこと，また100％の資本控除が認められていた法人税についても，事実上キャッシュフロー基準での法人所得に近い課税ベースをとっていたことは，当時のイギリスの所得税制がすでに支出税に近い課税ベースになっていたとみることができる。

II　支出税提案の概要

　ミード報告では所得税の抜本的改革案として，カーター委員会が提案したような包括的所得税についても検討されている。その結果，包括的所得税については，税務行政上の負担増大が最大の難点になると評価され，課税ベースは所得よりも消費の方が適切であるとして，ミード報告では所得税よりも支出税の方が望ましいと主張されている。ただし，実際に支出額を算出する場合にはいくつかの方法があり，中でも所得調整方式をあらゆる潜在的な納税者に適用する「普遍的支出税」(Universal Expenditure Tax, 以下 UET) が最も望ましいとされている。UET は，あらゆる源泉からの収入を加算すると同時に，それから消費以外の目的のすべての支払いを控除するものとされている。具体的には，表2で示されているように，まず第1の項目では賃金，俸給，配当，利子などが個人所得として，第2の項目では資本資産を売却した時に受け取った収入などが資本収入として，相続や受け取った贈与などが偶発所得として，課税ベースに加算される。次にこれらの合計額から資産取得や貸付けなど貯蓄とみなされるものが非消費支出として控除され，当該年度の消費支出が算出される。このようにして算出された各個人の消費支出に累進税率を適用し，これをもって現行の所得税に代えるという提案である。これによってどの程度支出するかは，すべての納税者が決められるので，支出力のある人を特定できるようになるが，その実現には申告納税制度の導入が前提となる。

　この UET 提案の根拠は，課税ベースの選択問題として提起されている。すなわち，経済効果としての視点のみならず，公平な税負担という点からみても消費が所得よりも望ましいという点である。所得は完全な定義が困難であり，特にウインドフォールやキャピタル・ゲインの捕捉が所得税では困難であるのに対して，支出の定義はそれほど難しくなく，またそれは経済的生産を刺激しつつ富の浪費に基づく高度の消費を重課しうるとしている。しかし，所得税と支出税には，それぞれ所得と消費支出をどのように具体的に定義するかという税法上，あるいは行政上の問題がある。たとえば，所得税に関して言えば，人的資本とその他の資産からの要素所得を同一に取り扱ってよいかという疑問が

表2　普遍的支出税の課税ベース算定方式

加算項目	控除項目
1．個人所得 　賃金，俸給，配当，利子，賃貸料，利潤， 　ロイヤリティ 2．資本収入 　資産売却，借入れ，債務返済受取り，現金 　勘定減 3．偶発所得 　相続，贈与受取り	4．非消費支出 　資産取得，貸付け，債務返済，現金勘定増， 　(贈与)，(直接税支払い) 消費支出 　1＋2＋3－4

(出所) IFS (1978) p. 151, Table 8.1 より作成。

生ずる。人的資本はやがて高齢化等により減価するのに対して，その他の資産に関しては，減価償却が認められているか，あるいは減価が生じない性格のものであるからである。したがって，所得税では，勤労所得を軽課するか，それとも投資所得を重課するかという取扱いが必要になる。支出税においては，このような取扱いは配慮する必要がなく，ミード報告もこの点を支出税の長所の1つに数えている。[10)]

　しかし，支出税の場合に人的資本であることが特別な配慮を必要としないかと言えば，そうではなく，教育費を消費支出に含めるか否かという問題が生じる。通常の人的資本の見方をとれば，教育費は投資支出であるから消費に含めない方が望ましいが，いずれにしても消費の定義を現実に適用する場合に特別の取り扱いが必要となる点では所得税の場合と大きな差異がないように思われる。また，所得税の場合には帰属家賃を所得に含める方が望ましいという所得算定上の問題が生ずるが，他方で支出税では耐久消費財への支出を消費支出から除くという複雑さが生ずる。

Ⅲ　UET 下での資産の取扱い

1　登録資産と非登録資産

　ミード報告のキャッシュフロー・ベースを用いた課税ベースの算定方式は，一見すると包括的所得税よりも容易であるかのように思えるが，消費支出額の測定を「所得－純資産の増加ないし純貯蓄」として行うとしても，実際にはど

のような項目を所得とみるのかという定義問題は残る。また，そのことが一定の解決をみたとしても，諸所得をどのような方法で測定していくかという問題も出てくる。そのため，この提案では様々な工夫がなされているが，最も注目すべきは，控除される代表的な貯蓄である資産購入をその性質に応じて登録資産（registered assets）と非登録資産（unregistered assets）に区別し，控除可能なのは前者のみとしている点である。UET を前述のような形で算出するには，資産を把握しなければならないが，税務当局は納税者が行う資産の購入・売却行為がわからないため，資産の登録が必須条件となる。つまり，すべての納税者が金融資産や実物資産などのストックとそれらから生じる利子・配当などの資産所得（フロー）をともにカバーする帳簿のようなものをもち，それを税務当局に登録しておかなければならない。このように金融取引について膨大な量の記録保持が必要となる登録勘定方式の実行が税務行政上，困難であることが従来，支出税の実現可能性を拒んできた最大の要因の１つであったが，ミード報告ではそのような資産の登録は必ずしも必要ないとされたのである。

　支出税の課税ベースは（所得－貯蓄）であるから，登録勘定を用いて課税ベースを算定する場合には，収入（粗所得）から資産購入（貯蓄）を控除する必要がある。具体的には，まず投資支出は「貯蓄」として当該年度の課税ベースから控除され，その後投資収益（資産所得）が発生した時点でそれぞれの時期の課税ベースに算入される。また，当該資産が売却されると，「貯蓄の引出し」としてその売却収入（貯蓄引出し額）が算入されることになる。これに対して，非登録勘定を用いた場合には，税務当局がその資産を把握できないために，課税ベースの算定において，登録資産とは逆に投資支出は貯蓄と認められず，当該年度の課税ベースから控除されないが，売却時にはその売却収入が無視（不算入）される。しかし，その保有期間に発生する投資収益については，登録資産と同様に，それぞれの時期の収入に算入される。

　他方，借入金の取扱いについては，どうであろうか。登録勘定を用いて課税ベースを算定する場合には，まず借入れにより受け取った資金は「負の貯蓄」（dissaving）として算入されるが，返済時にはその元利返済金が「貯蓄」としてすべて当該年度の課税ベースから控除される。これに対して，非登録勘定を用

1　ミード報告にみるイギリス型支出税の意義と課題

表3　UET下での資産の取扱い

課税ベースの構成項目		登録勘定	非登録勘定
資産（貯蓄）	資産購入	控除	控除不可
	資産所得	算入	算入
	資産売却（貯蓄引出し）	算入	不算入
借入れ	借入れ	算入	不算入
	返済（元本，支払利子）	控除	控除不可

(出所）筆者作成。

いて課税ベースを算定する場合には，登録資産の場合とは逆に借入れにより受け取った資金は無視（不算入）され，返済時にはその元利返済金は貯蓄と認められず，当該年度の課税ベースから控除されない。

　以上のようなUET下での資産の取扱いを整理したのが表3である。同表から，登録勘定方式の下では，貯蓄であれ借入れであれ，資産の購入資金の方は全額課税ベースに算入される一方，資産の購入は全額控除されることがわかる。他方，非登録勘定の場合には，貯蓄と借入れを問わず購入資金は課税ベースに算入されないが，資産の購入については控除が認められない。

　資産の管理を登録勘定と非登録勘定に分類する理由について，ミード報告は税務行政上の問題を提起している。すなわち，納税者の貯蓄と貯蓄の取り崩しをすべての資産について記録し，査定するのは事実上不可能であることは明らかであり，ポケットの中の硬貨や衣装ダンスの中の衣類といったものまで，その増減について評価するのはばかげている。[11] 非登録勘定では，非登録資産から生ずる所得（income yield）を課税ベースに算入する以外は，あらゆる取引が課税ベースの計算から除外される。その意味で，納税者にとっても，税務当局にとっても，記録やモニタリングなどの必要がなくなり，税務執行の簡素化が図れるというのである。

　他方で，ミード報告はこの非登録勘定の存在を税負担の平均化を実現する手段としても積極的に評価している。[12] すなわち，家族の休暇旅行，教育，住宅や自動車の購入など，将来の高額消費支出に備えて非登録勘定で貯蓄を行う場合，貯蓄（控除不可）に応じて毎年少しずつ支出税を納付しつつ，一定の時点で貯蓄を引き出して（不算入）高額消費に充てることにより，消費時の異常な課税

41

ベースの膨張を回避することが可能になるからである。あるいは，高額消費の
ために借入れを行う場合でも，借入れ（不算入）には支出税は課税されないが，
以後，元利の返済（控除不可）を行うのに応じて，徐々に支出税を納付してい
くことができる。いずれの場合にも，非登録勘定は，高額消費にあたって税負
担を均す手段として役立つのである。

2 非登録資産の制限

以上のように非登録資産を認めることによって，確かに支出税を運用する税
務行政は大幅に簡素化され，税負担を自発的に平均化することもできる。しか
し，UET は登録資産と非登録資産を混ぜ合わせたいわば妥協案であるがゆえに，
次のようないくつかの大きな租税回避の機会が生み出され，特に垂直的公平が
侵害される恐れが強くなる。第1に，キャピタル・ゲインの不算入である。た
とえば，株式や不動産などキャピタル・ゲインの期待できる資産を非登録資産
として蓄積しておけば，キャピタル・ゲインを非課税のまま消費に充てること
ができてしまう。

第2に，税率の変化に応じた勘定方式の選択である。将来の売却時または引
き出し時に税率の低下が確実に予想される場合（政策的引き下げないし限界税率
の低下）には，登録資産として資産を購入（または非登録資産として借入れを利
用）し，逆に税率の上昇が確実に予想される場合には，非登録資産として資産
を購入（または登録資産として借入れを利用）すれば，税負担の軽減を図ること
ができる。

したがって，非登録勘定をオプションとして認めることは，支出税の実行可
能性を高める反面，様々なループホールを生み出すことになり，公平という観
点からは望ましくない効果を生むことになる。そのため，ミード報告は非登録
勘定を認めながらも，以下のような場合には可能な限りその適用範囲を例外的
なものとして制限しようと努めている点に特徴がある。[13]

・大きなキャピタル・ゲインが期待される資産の登録

・非登録資産が生む投資収益への課税

・非登録借入金の制限

　　　　　　　　　　　　　　　　　1　ミード報告にみるイギリス型支出税の意義と課題

・高価な個人動産へのキャピタル・ゲイン課税

・住宅の登録

　など

　ミード報告は非登録勘定方式の適用を極めて限定し，公平性を一定確保する努力をしている点で，アンドリュースが提唱した前納勘定方式やその自由な選択をすべての貯蓄と借入れに認めるブループリントの支出税とは対照的である。[14]筆者が本稿のタイトルにおいて，ミード報告の支出税案を「イギリス型」支出税としたのも，そのためである。しかし，ミード報告の支出税にも次のような明らかな欠点がある。第1は，非登録資産を認めると，課税時と控除時の資産価値に変化が起きた時にキャピタル・ゲイン課税が必要になるという点である。そのため，ミード報告は大きなキャピタル・ゲインが生じる資産に非登録勘定方式を適用することを制限しているが，非登録資産とせざるを得ない高価な個人動産には結局，キャピタル・ゲインを認めて課税しなければならなくなり，キャピタル・ゲイン課税が不要になるという支出税のメリットの1つが失われることになる。

　第2は，資金フロー法による課税ベースの算定を重視するために，資産（貯蓄），資産所得，借入れ，支払利子などについて所得税以上に情報の記録，管理，把握が必要となり，納税コスト，徴税コストとも高くつくことは避けられないという点である。しかも，課税ベースの構成が複雑になるため，ほぼ全面的に申告納税に依存せざるを得ず，執行面のネックはますます厳しくなる。実際，消費額を確定するに際して，納税者に資産売却を含む収入額と同時に貯蓄額を申告させることは容易ではない。

Ⅳ　『ミード報告』支出税論の評価

1　所得の「定義A」と「定義B」

　イギリス税制の弱点の多くは，所得とは何かについて首尾一貫した視点がないことから生じている。ミード報告の背景には，こうした不確実でしばしば不適切な区別を認めない所得の定義を見出すことが，ますます重要になってきているという問題意識があった。[15]

43

ミード報告は，報告書の第3章で所得には原理上，2つの定義が可能である
とし，それぞれについて言及している。1つは，包括的所得税における所得の
定義，すなわちシャンツ，ヘイグ，サイモンズによって「資産価値を一定にし
た時の消費可能額」と定義され，報告書では「定義A」とよばれているもので
ある。この定義は，納税者が資源をどのように取り扱ったとしても，当該年度
に発生したすべての経済的機会を真に測定したものになるため，課税目的にお
いて最も公平であるとされている。しかしその一方で，キャピタル・ゲイン
（ロス）やウインドフォールを所得に含めてしまうという欠点があると指摘さ
れている。

　もう1つは，「将来のどの年であっても同一水準の消費を維持可能にするで
あろう資産や遺産が，当該年度末に保有されたままでの消費可能額」と定義さ
れ，報告書で「定義B」とよばれているものである。つまり，定義Aではスト
ックの価値の変化まで含まれるのに対して，定義Bでは将来確実に出てくるで
あろうフローの方に注目している。つまり，「定義B」は担税力をライフタイ
ムで見た，安定した恒常所得の部分に依拠しており，キャピタル・ゲイン（ロ
ス）は課税所得から除外されるため，ミード報告は上述の「定義A」の問題を
解消しうる「定義B」を高く評価しているのである。

　このような課税所得の定義は，イギリスの所得税の伝統的な見方を受け継い
でいる。イギリスでは，キャピタル・ゲインを所得に含めないという考え方が
一般的であるからである。地主にとっては資産の主たる形態であった土地を保
有することがその富と権力を維持するために必要であった一方で，借地人にと
っては毎年の収穫を処分することはできても，土地を売ることはできないとい
う伝統的な社会の慣行に従っていたのである。つまり，ミード報告は決して新
奇な提案をしているわけではないが，課税所得の「定義B」を優れた所得の定
義として，より積極的に主張しているのは，それがたとえば，1年という短い
期間で担税力を測定しようとした包括的な所得の定義に比べて，一生涯の個人
の担税力という視点からはより信頼度の高い担税力の測定になりうるという意
味で，理論的な厳密さを備えているからである[16]。

　しかし，そのことが即座に「定義B」が「定義A」よりも優れているといえ

るわけではない。実際，ミード報告も「定義B」は，将来の消費を一定に保つという将来の期待にかなり依存した所得の定義であるため，実践的な基準として用いられないことを認めている。この定義に従えば，納税者各人が当該年度に享受し，将来も無期限に享受することを期待できる消費支出の水準は，それぞれが将来に稼得する所得や将来の利子率がどう変化するのか，また支出力の維持を目的とする当該年度の貯蓄行動に影響を与えるあらゆることに依存することになり，そのような納税者各人が予想するものを税務当局が客観的に捉えることは，ほぼ不可能だからである。

　そうすると残された道は，税制上採用可能な「定義A」に再び戻って包括的所得税を採用するか，それとも「定義B」に基づいて所得を定義することに代わりうる直接税を追い求めるかの2つの方向がある。ミード報告が下した結論は後者，すなわち長期的なライフサイクルでの所得の定義に年々の支出額で近似することによって，支出税を採用するという選択である。そして，その選択を強力に支持する理由として挙げられているのが，「納税者が自らの消費を目的に社会の資源を使い尽くすたびにいつも行われる請求に課税する[17]」という点である。いいかえれば，ミード報告が支出税を所得税より望ましいとしている根拠は，個人に課税する場合，財およびサービスの消費を通じて，個人が社会から取り出した価値に課税した方が，労働の対価あるいは資本サービスの提供に対する利子という形で個人が社会に貢献した価値に課税するよりも公正であるという点にある。これは，「累進的な」個人課税の課税ベースとして消費支出を採用することを強力に支持する論拠にもなっている。累進支出税は，資産から高水準の消費を賄っている富裕者に対して，累進所得税より重い負担を求めると同時に，私的な貯蓄で私的な事業の発展や成長をファイナンスするものにはるかに大きな機会を与えるからである。

　しかし，恒常所得部分のみで担税力を認めてよいのだろうか。従来の包括的な所得ベースのアイデアから言えば，やはり変動所得にある程度の担税力があるとみないわけにはいかないのではないだろうか。確かに「定義B」は，首尾一貫性をもち，優れた特徴を有するが，この定義を近似的に満たす消費課税を採用すると，もっぱらキャピタル・ゲインを得て，貯蓄を増加させ（消費を節

約す）る納税者は，支出税の負担がかなりの程度軽減されてしまう可能性があるからである。

2 課税ベースの選択論再考

ではミード報告が，消費支出を課税ベースとする支出税が所得税よりも優れているとしているのは，どのような理由からであろうか。その第1は，年々の消費支出を課税ベースとして測定することは，定義Aの所得のように発生レベルでのキャピタル・ゲイン（ロス）を課税ベースに含めることに伴う問題もなければ，定義Bの所得のように将来について主観的な見通しに依存することもないという点である。[18] しかし，ここでも問題が残る。納税者は将来の不確実性をどう評価するかによって，消費計画を安定的に立てるという保証はないからである。また，資本市場が不完全で資産をあまりもたない納税者は，十分な投資機会をもたないとすると，将来の消費計画はこれらの納税者には不利になり，消費を課税ベースにとることは不公平になる。

第2は，キャピタル・ゲインやウインドフォールのような一時的・偶発的に生じる所得を税制上の措置によって平均化することは難しいが，支出であれば個人の自発的な消費時期の決定によって自由に調整できるという点である。しかしこれは，納税者の消費が所得よりも生涯にわたってより均一に分散させた場合に限られる。実際には，たとえば出産・入学・病気・死亡その他の事故や高価な耐久消費財の購入など，多額の出費がなされるであろうから，消費活動自体はライフタイムでかなり変動的である。[19] つまり，固定的な課税ベースをもつ納税者と変動的な課税ベースをもつ納税者との間での累進課税を平等に取り扱うには，所得課税と消費課税のいずれにおいても税負担を平均化するいくつかの調整が求められる。

第3に，勤労所得と投資所得を差別的に取り扱うことから生じている現在の問題は，支出税下ではあまり重要でなくなるという点である。たとえば，もしA氏が減少すると予想される年間5000ポンドの勤労所得を有しており，他方でB氏は永久に維持されると予想される年間5000ポンドの投資所得を有しているなら，A氏はB氏ほど高い消費水準を維持できる立場にない。消費課税で

あれば、こうした担税力の違いが自動的に認識される。B氏は、より多く消費する余裕があるので、より多く消費すれば、自動的により多くの税を支払うことになる。支出税では、どうしても恣意的にならざるを得なかった資本と所得の間の境界をもはや維持する必要はなくなるため、キャピタル・ゲインや投資所得のインデクセーションに伴う資本市場および税制の混乱を避けることができるという主張である。しかしこれは、プレストが指摘しているように、ミード報告は不完全な現行所得税制度と完全な将来の支出税を比較し、後者の方が優れているとしているが、この前提そのものが誤っているように思われる[20]。

3 公平課税と資産課税改革案

支出税の公平性の評価は、世代を超えて移転される資産の課税方法に依存するところが大きいため、公平性を確保するには、贈与・遺産税の徹底した強化が不可欠の条件になる。その意味では、資産課税に関する提案は、公平な課税を確立しようというミード報告の基本的考えが最もよく表れている。プレストは、伝統的な支出税の提唱には貯蓄促進の目的があったが、ミード報告に関しては必ずしもそうではないと主張し、その理由として貯蓄の利子弾力性の程度に対する疑問等に加えて、所得税から支出税への移行に伴う貯蓄の優遇は、後述する資産課税の仕組みによってかなりの程度失われてしまう点を挙げている[21]。これはいいかえれば、ミード報告の支出税提案が貯蓄促進よりもむしろ公平課税の実現を重視している証左の1つであるように思われる。

ではミード報告は、公平課税の実現のために、具体的にどのような資産課税改革案を提案しているのであろうか。課税の具体的あり方としては、贈与者（遺贈者）に課税するか、受贈者（遺産取得者）に課税するかという問題があるが、ミード報告では、基本的には累積的継承税（cumulative tax on accessions）の形での取得者課税が望ましいとされている。ただし、無条件のそれでは欠陥があるので、年齢要因を考慮して、たとえば若い受贈者には、便益の享受期間が長いことを理由に高い税率を課すといった配慮が必要であるとしている。これによって、世代を飛び越えた贈与ないし遺贈を制限することができるからである。

提案された継承税には，累進税率のものと比例税率のものとがあり，前者を
PAWAT（Progressive Annual Wealth Accession Tax），後者をLAWAT（Linear
Annual Wealth Accession Tax）として区別している。ミード報告において，理
論的に望ましいと考えられた累積的年次資産取得税は，移転者の段階で贈与税
と遺産取得税とを統合したPAWATを採用し，さらに富裕税とも統合して，
税額を一本化するというものであった。[22]具体的には，受領者に対して資産を
譲り受けた時点で，資産を将来保有し続ける期間の富裕税の将来価値を，受領
時に一括して前払いさせるというもので，税額は以下のように算定されるもの
であった。

税額＝受領遺産額×富裕税の超過累進税率×平均余命に対応する年価値乗数

　PAWATでは，受領遺産額の大きさ，富裕税の超過累進税率（＝受領者が便
益を得る期間）が租税負担の大きさを決定する。これは，受領遺産額が大きけ
れば大きいほど，受領者の資産保有期間が長ければ長いほど，租税負担が大き
く，受領遺産額が小さければ小さいほど，受領者の資産保有期間が短ければ短
いほど，租税負担が小さいことを意味している。通常，受領者の平均余命が長
ければ資産を保有している期間も長くなるので，結果として，移転者と受領者
の年齢差が租税負担の大小を決定するともいえる。つまりミード報告は，
Vickrey［1947］と同じように，資産移転額の大小による累進課税と並んで，
実質的に移転者と受領者の年齢差に応じた累進課税を行う方式によって，公平
性と経済的中立性の両立を図ろうとしたのである。[23]

　おわりに

　以上，ミード報告が勧告した所得税から支出税への移行は，インフレの高進
に苦しむ経済状況下で当時のイギリスの所得税制が事実上，支出税に近い課税
ベースになっていたこと，その目的が古典的支出税において提唱されてきた貯
蓄促進効果というよりもむしろ，非登録勘定方式の適用を制限するとともに，
資産課税を強化・組み合わせて税体系全体でできる限り公平課税の実現に近づ

48

けるための提案であった[24]。しかしそのことによって，ミード報告の支出税案は，皮肉にも理論上および執行上における複雑さと多様な困難を伴うものとなった[25]。いかに公平な税法であっても，それが納税者によって遵守されない限り，あるいは税務当局によって適正に執行されない限り，実質的に公平な税制とはいえないからである。

　また，支出税は所得税よりも課税ベースが狭いことに加えて，その移行に伴う問題解決に求められるであろう必要な措置によって，同じ税収をあげるためには，支出税の税率の方が高くなると考えられ，脱税へのインセンティブも高まる可能性がある。さらに，現行所得税のように多様な特別措置が設けられたり，当然に消費支出であるべきものが広範囲に非課税や免税支出にされたりすると，税負担の累進度は低下し，その点では現行所得税と少しも変わらなくなってしまう場合もありうる[26]。したがって，支出税が所得税に比べて税務行政上，あるいは制度上の複雑さの観点から優位性を主張するに十分な根拠があるとは思えない[27]。

　実際，イギリスでは1980年代に入ってからの税制改革は，支出税の導入どころか消費ベース課税あるいは資金ベース課税への移行傾向に歯止めがかかり，むしろ所得ベース課税への税制の再建という逆の傾向すらみられるようになった[28]。ただし，こうした動きは付加価値税の定着と比重の増大を前提にしている。イギリスでは，消費ベース課税は支出税への移行ではなく，付加価値税などの間接消費税に，所得ベース課税は所得税，法人税などの直接税にという伝統的なタックス・ミックス論または租税体系論が追求されていったのである。

参考文献

Goode, R. [1980] "The Superiority of the Income Tax," in Pechman, J. A, ed., *What Should be Tax: Income or Expenditure?*, The Brookings Institution, pp. 49-74.

Institute for Fiscal Studies (IFS) [1978] *The Structure and Reform of Direct Taxation: Report of a Committee chaired by professor J. E. Meade*, George Allen & Unwin.

Kay. J. A. and M. A. King [1986], *The British Tax System*, 4th edition, Oxford, Oxford University Press. (田近栄治訳 [1989]『現代税制の経済学 イギリスの現状と改革』東洋経済新報社)

Meade, J. E. [1975] *The Intelligent Radical's Guide to Economic Policy: the mixed economy*, London, Allen and Unwin.（渡部経彦［1977］『理性的急進主義者の経済政策—混合経済への提言—』岩波書店）。

Prest, A. R.［1978］, "The Meade Committee Report", *British Tax Review*, No. 3, pp. 176-193.

Prest, A. R.［1979］, "The Structure and Reform of Direct Taxation", *The Economic Journal*, Vol. 8, No. 354, pp. 243-260.

U. S. Department of the Treasury（1977）, *Blueprints for Basic Tax Reform*, U. S. Government Printing Office.

Vickrey, W.（1957）, "Expenditure, Capital Gains and the Basis of Progressive Taxation," *The Manchester School of Economics and Social Studies*, Vol. 25, No. 1, pp. 1-25.

貝塚啓明（1979）「『ミード報告』の問題点」『経済学論集』第 45 巻第 3 号，47-56 頁。

川勝健志（2014）「ミード報告とイギリス型支出税」宮本憲一・鶴田廣巳・諸富徹編『現代租税の理論と思想』有斐閣，205-238 頁。

佐藤進（1979）「ミード報告と今後の税制のあり方」『税務弘報』第 27 巻第 5 号，6-14 頁。

関口智（2010）「相続税・贈与税の理論的基礎：シャウプ勧告・ミード報告・マーリーズレビュー」『税研』第 25 巻第 6 号，20-32 頁。

宮島洋（1986）『租税論の展開と日本の税制』日本評論社。

注

1) 本稿は，2017 年 12 月 9 日に椙山女学園大学で開催された日本租税理論学会シンポジウム「所得概念の再検討」で報告した川勝（2014）を要約したものである。したがって，本稿のより詳細な内容については，同拙稿を参照されたい。

2) IFS［1978］p. xv.

3) IFS［1978］pp. 49-58 及び Kay, J. A. and M. A. King［1986］邦訳 53 ～ 57 頁。

4) IFS［1978］p. 52.

5) 宮島洋［1986］94 頁。

6) IFS［1978］pp. 146-147.

7) ミード報告では，支出額を算出する方法として，①所得調整方式，②付加価値税方式，③100％資本控除方式，④投資収益免税方式が取り上げられ，比較検討されている（IFS［1978］pp. 150-161）。

8) IFS［1978］pp. 30-45.

9) IFS［1978］p. 40.

10) IFS［1978］pp. 39-40.

11) IFS［1978］p. 175.

12) IFS［1978］p. 176-178.

13) IFS［1978］p. 176-181.

14) US Department of the Treasury［1977］pp. 119-130.

15) IFS［1978］p. 30.

16) 貝塚啓明［1979］53 頁。

17) IFS［1978］p. 33.

1　ミード報告にみるイギリス型支出税の意義と課題

18)　IFS［1978］pp. 34-35。

19)　ヴィックリーは，税負担の平均化措置に関して，所得税よりも支出税のもとでの方が
　　　より大きな役割を果たすと述べている。しかし，たとえば，耐久消費財の購入において，
　　　その支出をライフタイムで分散することはよいが，多くの項目に拡大することは税務行
　　　政上，不可能であり，一時的に多額の支出をすべて耐久消費財のような取扱いにはでき
　　　ないとしている（Vickery［1957］p. 14）。

20)　Prest［1979］p. 246.

21)　Prest［1979］p. 245.

22)　ミード報告は税務行政上の理由から，最終的には LAWAT を推奨しており，それは別
　　　建ての富裕税で補完する構想になっている（IFS［1978］pp. 363-364）。

23)　関口智［2010］26 頁。

24)　ミード報告の評価については，佐藤進のように，「所得税から支出税への切り替えの提
　　　案は，直接税から間接税への重点移行といった角度から捉えるのではなく，所得税の累
　　　進性の強化，そして源泉徴収所得税の改革という角度からの提案として理解する必要が
　　　あるように思われる。また，資産課税の改編の提案は，所得とならんで富の再分配の必
　　　要がますます増大することを示唆するものである（佐藤進［1979］14 頁）」とするものも
　　　あり，興味深い。

25)　この点に関するより詳しい分析については，Prest［1978］pp. 179-181 を参照。

26)　Goode, R（1980），pp. 68-70。

27)　宮島洋は，所得税の的確な執行は難しい問題だが，源泉徴収制度の広範な適用が可能
　　　であるため，行政コストに関する限り，支出税よりむしろ効率的であるとしている（宮
　　　島［1986］17 頁）。

28)　このような傾向がみられるようになった背景については，宮島［1986］232 ～ 236 頁を
　　　参照。

51

2 法人税における課税所得概念の再検討
—— 税務会計論から見た企業利益と課税所得の乖離の変容 ——

依 田 俊 伸
(東洋大学教授)

I はじめに

　本報告では，本シンポジウムのテーマ「所得概念の再検討」について，税務会計学の観点から考察する。

　税務会計学とは，法人税法上の課税所得（以下，課税所得と略す。）を計算するための会計である。税務会計学は，企業会計による企業利益に対して，法人税法における別段の定めとして規定された項目に基づき加算・減算という調整を行い，課税所得を計算するというプロセスの理論的解明を目的とする。

　課税所得の算定が，企業利益に加算・減算という調整により行われることから，課税所得は，必然的に企業利益から乖離するという現象が生じる。

　法人税法における所得金額の計算構造は，各事業年度の益金の額から損金の額を控除した金額とされ（法法22①），包括的に構成されているため，法人税法においては，基本的に包括的所得概念が採用されている。

　しかし，時の経過により，上記加算・減算調整の対象となる項目の内容に変化が生じているのみならず，新しい会計基準の公表により企業利益の内容にも変更が生じているため，包括的といえども課税所得の内容・範囲に変化が生じている。

　そこで，本報告においては，加算・減算対象項目の変遷，企業利益の内容の変化及び企業会計に対する法人税法からの対応を踏まえて，課税所得の内容・範囲にどのような変化が生じているのかについて模索する。

　具体的には，まず，現状における主要な加算・減算対象項目の内容を確認する（I）。次に，それらが時の経過とともにどのように変化しているかを確認す

る（Ⅲ）。そして，決算確定主義の元となる企業利益を導く企業会計自体の変化に触れる（Ⅳ）。また，変化する企業会計に対する法人税法からの対応，特に公正処理基準の規範的な性質の変化について触れる（Ⅴ）。以上を踏まえて最後に，課税所得の内容・範囲にどのような変化が生じているといえるのかを模索する（Ⅵ）。

Ⅱ　現状における主要な加算・減算対象項目

上述したように，法人税法においては，課税所得＝益金－損金という計算構造が採用されていることから，企業利益に対して加算・減算の調整を行う際には，益金または損金のいずれかに対して加算・減算を行うことになる。よって，加算・減算の調整項目としては，益金に対する加算項目として①益金算入項目，減算項目として②益金不算入項目，損金に対する加算項目として③損金不算入項目，減算項目として④損金算入項目に分けることができる。

なお，法人税法の別段の定めとして，一定の資産の譲渡等について益金または損金に算入すべきとする規定やその他の規定が存在するので，それらについては便宜的にその他として列挙する。

①益金算入項目
　　無償による資産の譲渡に係る収益及び無償による役務の提供に係る収益の益金算入（法法22②）
②益金不算入項目
　⑴　受取配当の益金不算入（法法23，23の2）
　⑵　資産の評価益の益金不算入（法法25）
　⑶　還付金等の益金不算入（法法26，27）
③損金不算入項目
　⑴　資産の評価損の損金不算入（法法33）
　⑵　役員給与の損金不算入等（法法34，36）
　⑶　寄附金の損金不算入（法法37）
　⑷　法人税額等の損金不算入等（法法38～41）

(5)交際費等の損金不算入（措法 61 の 4）

④損金算入項目

(1) 圧縮記帳（法法 42〜50）

(2) 引当金（法法 52, 53）

(3) 新株予約権を対価とする費用の帰属事業年度の特例等（法法 54）

(4) 不正行為等に係る費用等の損金算入（法法 55）

(5) 繰越欠損金等（法法 57〜59）

(6) 特定株主等によって支配された欠損等法人の資産の譲渡等損失額（法法 60 の 3）

⑤その他

(1) 短期売買商品の譲渡損益及び時価評価損益（法法 61）

(2) 有価証券の譲渡損益及び時価評価損益（法法 61 の 2〜4）

(3) デリバティブ取引に係る損益（法法 61 の 5）

(4) ヘッジ取引による損益（法法 61 の 6）

(5) 外貨建取引の換算等（法法 61 の 8〜10）

(6) 連結納税開始の伴う資産の時価評価損益（法法 61 の 11〜12）

(7) 完全支配関係がある法人間の取引による損益（法法 61 の 13）

(8) 組織再編成に係る所得の金額の計算（法法 62〜62 の 9）

(9) 収益費用の帰属事業年度の特例（長期割賦販売契約, 工事請負）（法法 63〜64）

(10) リース取引（法法 64 の 2）

(11) 法人課税信託（法法 64 の 3）

Ⅲ 加算・減算対象項目の変遷の特徴

1 新設規定の存在

新設規定は，従来の別段の定めのように，個別の収益・費用項目について益金・損金への算入の可否を規定する形式とは異なり，新しい形態の取引についての法人税上の取扱いを示すような体裁で規定されているものが多い。上記Ⅱの「⑤その他」に列挙されている項目がこれに該当する。

最も典型的な例として，有価証券の譲渡損益及び時価評価損益（法法61の2〜4）を挙げることができる。時価評価損益の規定は，金融商品会計基準の公表に対応して平成13年に創設されたものであるが，売買目的有価証券の期末評価損益を損金または益金に算入すべきことを定めている。

これは，期末時点における資産評価についての課税処理の規定という性質を有することから，損失または利益のいずれかが算定されることになるため，損金・益金に共通する別段の定めという性質を有する。規定の位置づけも「益金の額の計算」,「損金の額の計算」とは別に，「利益の額又は損失の額の計算」として位置づけられている。また，新たな取扱いが定められていることから，法人税法の条文の規定場所として適切な位置づけをするために，枝番の条文として挿入されていることが多い。

2　従来から存在していた規定

従来から存在していた規定の中にも，会社法や企業会計基準の影響により内容が変更された規定がある。たとえば，会社法施行に伴う役員給与規定の改正（法法34）である。

これは，会社法が役員に対して支払われる金銭等については，すべて職務執行の対価として整理されたことに起因する。すなわち，利益処分による役員賞与という概念が無くなったため，それまでの損金に算入される役員報酬と損金に算入されない役員賞与という区分を廃して，役員が支給を受ける給与のうち損金に算入されるものを限定的に列挙するという内容に変更したものである。

なお，平成30年3月に収益認識に関する新しい会計基準として，「収益認識に関する会計基準」が公表された。これを受けて，平成30年法人税法改正において，新たに22条の2という規定が新設されたが，この規定も従来から存在していた法人税法22条2項の別段の定めと位置づけることができる。

Ⅳ　企業会計自体の変化

1　会社法の主な変遷

昭和37年　株式会社の計算規定の整備と会社事務手続きの軽減

- ・資産評価に原価主義を導入
- ・繰延資産の範囲拡大
- ・引当金の容認

昭和 49 年　監査制度の改善強化と計算規定の整備
- ・監査役の地位強化
- ・中間配当制度の導入

　　　　　　株式会社の監査等に関する商法の特例に関する法律の公布

昭和 56 年　昭和 49 年に始まる会社法の根本改正計画の一部実現
- ・株式単価の引上げ，子会社による親会社株式の取得禁止。
- ・株主提案権の創設
- ・取締役会の権限拡大
- ・監査役の独立性の強化

平成 2 年　大小会社区分立法の計画とその一部の実現（法第 64 号）
- ・発起設立の合理化
- ・最低資本金制度の導入
- ・社債の発行限度枠の緩和

平成 6 年　自己株式取得の規制緩和

平成 9 年　自己株式の取得規制の再緩和（法第 56 号）
- ・ストックオプション制度の導入
- ・合併法制の整備
- ・罰則の強化＜利益供与罪の強化＞

平成 11 年　株式交換，株式移転制度の導入と時価評価の導入
- ・株式交換，株式移転制度の創設
- ・市場性のある金銭債権等に対する時価評価の導入

平成 12 年　昭和 49 年に始まる商法改正のしめくくり
- ・新設分割制度，吸収分割制度の創設

平成 13 年　企業金融の緩和に関する改正＜金庫株等解禁に伴う改正＞
- ・金庫株の解禁
- ・額面株式の廃止，単元株制度の導入

　　　　　　　　・種類株式の弾力化，新株予約権制度の創設

　　　　　　　　・会社関係書類の電子化，招集通知等の電子化

　　　　　　　　・監査役の機能強化，株主代表訴訟の見直し

　　　　　　　　・取締役等の責任軽減制度の創設

平成 15 年　自己株式の取得規制の緩和（法第 132 号）

平成 16 年　株式の決済制度の合理化（法第 88 号）

　　　　　　　　・株券の不発行制度の導入

　　　　　　　　・新しい株式振替制度の導入

平成 18 年　会社法施行

　平成 11 年から 12 年にかけて，株式交換・株式移転制度の創設及び会社分割制度の創設により会社法における組織再編成の制度が完成した。

　平成 18 年に会社法が施行された。

2　会計制度の主な変遷

昭和 24 年　企業会計原則

昭和 37 年　原価計算基準

昭和 50 年　連結財務諸表原則

昭和 54 年　外貨建取引等会計処理基準

昭和 63 年　セグメント情報開示基準

平成 5 年　リース取引会計基準

平成 10 年　中間連結財務諸表等作成基準

平成 10 年　連結キャッシュ・ロー計算書等作成基準

平成 10 年　研究開発費等会計基準

平成 10 年　退職給付会計基準

平成 10 年　税効果会計基準

平成 11 年　金融商品会計基準

平成 14 年　減損会計基準

平成 15 年　企業結合会計基準

平成 25 年　改訂企業結合会計基準

平成 27 年　自己株式及び準備金の額の減少に関する会計基準

平成 27 年　改定退職給付会計基準

平成 30 年　収益認識会計基準

　平成 10 年に始まる会計ビッグバンの下で，会計の透明化と国際調和を図るために多くの会計基準が設定された。

　その後，平成 13 年に民間の機関である企業会計基準委員会（ASBJ）が設立されて，以後，ASBJ から新しい会計基準が公表され，国際基準へのコンバージェンスが推し進められた。た。

　新しい会計基準は，資産負債アプローチと呼ばれる資産を概念の基礎におく会計観の下で新しい会計事象に対応するために設定されたものが多い。

Ⅴ　企業会計に対する法人税法からの対応

1　別段の定めの規定の仕方

　上記Ⅲで述べたように，新設規定は，従来の別段の定めのように，個別の収益・費用項目について益金・損金への算入の可否を規定する形式とは異なり，新しい形態の経済取引についての法人税上の取扱いを示すような体裁で規定されているものが多い。

　立法の方法としては，公正処理基準（法法 24 ④）を媒介として，企業会計において既に存在している会計基準をいったん法人税法で受け止め，適正な課税所得計算を実現するための調整のために何らかの計算や根拠に基づき，益金・損金の算入不算入の規定を設けるという方法も論理的にはあり得る。

　しかし，新しい形態の経済取引それ自体が複雑な場合があり，そのため，そのような経済取引を対象とする会計基準も複雑化するということがあり得るので，従来型の益金・損金の算入不算入規定の形式では，さらに複雑化する恐れがあり，その内容が極めて分かりにくくなる可能性がある。

　このような状況を踏まえると，法人税法の立場からは，新しい形態の経済取引は，なるべく企業会計基準に依拠せずに，仮に企業会計基準と類似した内容

であっても，自己完結的に法人税法独自の規定を設け，これにより課税処理を行うことを目指していると推測される。

　以上を前提にすると，新しい形態の経済取引について，法人税法においても企業会計基準の内容とまったく同じ内容の課税処理を行うのが合理的である場合にも，法人税法に独自の規定を置くことに意味が出てくる。それに対して，企業会計基準の内容と異なる内容の課税処理を行う必要がある場合には，法人税法において自己完結的な内容の規定を設ける必要性は極めて高い。

　有価証券の評価損益が損金・益金に算入されるかに関して，売買目的有価証券の評価損益については，法人税法61条の3において損金または益金に算入されているが，その他有価証券については特段の規定はない。金融商品会計基準においては，その他有価証券を時価評価した場合，その評価損益を全部純資産直入法により，損益計算書に反映せず，直接貸借対照表に計上することとしているが，例外的に，評価損が発生した場合だけ損益計算書に反映させる部分純資産直入法が行われることがある。しかし，法人税法がそれに言及していないということは，部分純資産直入法により生じた評価損は損金に算入しないものと推測できる。

　また，法人税法においては，以前，賞与引当金，退職給与引当金が規定されていたが，現在は廃止されている。賞与引当金については，それを廃止する代わりに明確に債務として確定したものを確定した内容どおりに翌期に支払うことを条件に損金に算入する扱いがなされている。これは，通常の債務確定基準をより厳格に適用することにより，未払計上された賞与を損金算入することを認めたものといえる。それに対して，退職給与引当金については，企業会計において退職給付に関する会計基準が設定されているが，法人税法では特段の規定を置いていないため，退職給付費用は損金不算入の処理がなされている。

　これは，公正価値という概念を導入してキャッシュ・フローの割引計算を重要な要素としている点が見積もり計算を含んでいることから，不確実性が高いことを理由に税務計算に取り込まれていないものと思われる。

2 公正処理基準の機能

上記1を踏まえると，法人税法において完結的な課税処理規定が設けられると，特に，企業会計基準に依拠しなくても課税処理が可能になる。その意味で，公正処理基準の役割は相対的に小さくなりそうである。

しかし，実際には，企業会計基準に付随して，適用指針，実務指針といったルールが存在しており，法人税法の立場からも細かな部分については，そのようなルールに依拠する必要がある場合もある。ただ，その場合には，公正処理基準を媒介にして，必要なルールを取り込んで課税取扱いを行うということが考えられる。

このようなことが行われるということは，適正な課税所得の計算を実現するという税務会計の目的に相応しい基準やルールであるか否かについて公正処理基準を通して判別するという作業が行われることを意味する。そうすると，公正処理基準には規範的意味が付与され，企業会計基準の中から課税所得計算に相応しい基準を識別するという機能が期待されることになる。

大竹貿易事件（最高裁平成2年11月25日判決民集47巻9号5278頁）の判決においては，初めて公正処理基準に規範性を認めて，問題となった事案に適用されていた会計ルールについて公正処理基準性を否定した。

Ⅵ　結びに代えて―課税所得の内容・範囲の決定の仕方の変化―

以上から明らかになったことは，次のとおりである。

① 法人税法における加算・減算対象項目についての規定の仕方は，新しい経済取引に対応して新しい会計基準が設定されていても，法人税法において独自の課税処理規定を設置する傾向が強い。

② 法人税法において独自の課税処理規定を設置した場合にも，会計基準やその他のルールに依拠する必要があるので，その場合には，公正処理基準に規範的性格を持たせて，適正な課税所得計算に資するものだけを公正な会計処理の基準として識別する傾向が出て来るようになった。

③ 会計基準の中で，割引現在価値を求めてそれを基に見積もり計算を行うような会計基準については，法人税法において特段の規定を置かないとい

う方法により，課税所得計算から排除している。

上記の傾向は，会計ビッグバンが行われた時期から顕著になっている。

新しい経済取引・事象が多く出てくる現在の経済状況の下では，上記傾向は今後も続くと予想される。

3 包括的所得概念の問題点と市場所得概念

奥 谷 健
（広島修道大学）

はじめに

　周知のとおり，わが国の所得税は課税対象である「所得」について，包括的所得概念，いわゆる純資産増加説（Reinvermögenszugangstheorie）を採用している。これによれば，「所得」とは「一定期間内における純資産の増加」と観念される。これは，「担税力の増加」を示し，「自己のそれまでの資産それ自体を減少させることなく自由に処分できるものとして，一定期間内にある者に流入したもの」と説明される。[1]

　このような包括的所得概念が一般的に支持を得ている理由として，①一時的・偶発的・恩恵的利得であっても担税力を増加させるものである限り課税対象とすることで公平負担の要請にかなうということ，また②そのようにすべての利得を課税対象とし，累進税率を適用することが所得の再分配機能を高めるということ，および，③所得を広く捉えることによって，所得税制度のもつ景気調整機能が増大することが挙げられている。[2]つまり，公平性の観点から包括的に「所得」を構成することが望ましいと考えられているといえる。[3]

　しかし，担税力を増加させる利得，すなわち「所得」であるにもかかわらず，課税対象から除外されているものがある。例えば，未実現利得（未実現のキャピタルゲイン）と帰属所得である。これらが除外されている理由は，捕捉し評価することが困難だからといわれる。[4]しかし，これらは包括的所得概念の下では「所得」である。それにもかかわらず課税対象から除外されているのである。つまり，実行可能性という点から，これらは課税されていないといえる。[5]

　このことから考えられるのは，本来は包括的に構成されているはずの「所

得」について，立法政策上の観点から一定の制限がなされているということである。そしてそのことは，包括的所得概念の正当性である公平性を揺るがすものといえる。つまり，包括的所得概念は包括的であることから公平であると考えられ，支持を集めている。それにもかかわらず，実行可能性という理由からその包括性を貫徹できずにいるのである。このことは課税の公平を損なうことになりかねないといえる。[6]このような問題が包括的所得概念について考えられる。そして，それは包括的所得概念を採用する現行所得税法の根幹に関わる問題とも思われる。

　そこで本稿では，現行所得税法における包括的所得概念の包括性に関する問題を取り上げて検討することにしよう。また，それらの問題との関連で，別の所得概念，ドイツにおいて支持されている市場所得概念の有用性についてもみていこう。

I　現行所得税における包括的所得概念の問題

　上記のように，現行所得税において包括的所得概念が貫徹されているとはいい難い。そこで，包括的所得概念が貫徹されていないと思われる現行所得税法の問題についてみていくことにしよう。

1　「収入金額」と未実現利得

　上記のように，包括的所得概念においては本来「所得」であるにもかかわらず，未実現利得と帰属所得は原則課税されていない。

　未実現利得とは，法律上または事実上発生してはいるがまだ実現していないものと説明される。[7]そして，所得税法が所得を「収入金額」（36条1項）で捉えていることから，原則として課税対象から除かれている。つまり包括的所得概念の下で実現主義を採用していると解されている。これは，未実現利得の把握，評価の困難による納税者・税務行政双方に対する負担の問題，課税に伴う納税資金の問題など実際上の考慮に基づくものといわれる。[8]

　しかし，「実現」があれば「収入金額」を伴うとは必ずしもいえないように思われる。というのも，包括的所得概念によれば，譲渡所得の本質は，資産の値

上りによりその資産の所有者に帰属する増加益を所得として，その資産が所有者の支配を離れて他に移転するのを機会に，これを清算して課税することであると考えられているからである（増加益清算説）。この考え方によれば，有償・無償を問わず，資産の移転の時点で譲渡者に対する譲渡所得課税が問題となる。この点については判例も同様で，例えば最高裁昭和 43 年 10 月 31 日判決では，譲渡所得に対する課税の趣旨について，「資産の値上がりによりその資産の所有者に帰属する増加益を所得として，その資産が所有者の支配を離れて他に移転するのを機会に，これを清算して課税する趣旨のものと解すべきであ」ると述べている。さらに，その後の最高裁昭和 50 年 5 月 27 日判決でも同様に譲渡の有償性が問題にならないことが指摘されている。

　この考え方によれば，無償による資産の移転，つまり「収入金額」がなくとも課税されることになる。資産が他に移転する際に保有期間中の値上り益が「実現」するからである。この点については，例えば最高裁昭和 47 年 12 月 26 日判決において「年々に蓄積された当該資産の増加益が所有者の支配を離れる機会に一挙に実現したものとみる」と述べられている。また，最高裁平成 18 年 4 月 20 日判決でも同様に，資産の譲渡によって所得が「実現」することが示されている。つまり，譲渡によって「所得」が「実現」するという考え方で，包括的所得概念の「所得」を制限しているのである。その上で，「収入金額」によってさらに課税の範囲を限定している。そうすると，包括的所得概念を実現主義と「収入金額」との二段階で限定していることになる。

　他方で，「実現」とは「金銭その他の換価可能な経済的価値の，外部からの流入」という理解によれば，譲渡の段階では「実現」していないとも考えられる。つまり，譲渡に伴い「収入金額」などの経済的価値の流入がなければ資産の値上り益は未実現と考えられるのである。しかし，この考え方は上記の増加益清算説とは矛盾する。そうであれば，この考え方は包括的所得概念との関係で問題があるといえる。なぜなら，上記最高裁昭和 43 年 10 月 31 日判決でも示されているように，包括的所得概念の下では未実現利得も本来「所得」であって，「対価を伴わない資産の移転においても，その資産につきすでに生じている増加益は，その移転当時の右資産の時価に照らして具体的に把握できる」からで

64

ある。だからこそ,「この移転の時期において右増加益を課税の対象とするのを相当と認め」ている。つまり,増加益が「所得」であるという包括的所得概念によれば,未実現であっても「所得」は観念されるのである。[17]

しかし,その未実現の「所得」について,実現主義という制限を課すことで「所得」が具体的に把握できることになる。[18]これが「実現」であって,「収入金額」を伴わないと考えられる。それにもかかわらず,所得税法は「収入金額」という制限を付して「所得」の範囲を限定しているのである。[19][20]

この点について,「実現」(=譲渡)の段階では「形式的担税力」があるのみで,収入によって「実質的担税力」を伴うことになるという指摘もある。[21]しかし,ここでいう「担税力」とは何を指すのかが判然としないように思われる。なぜなら,「所得」とは別に「担税力」があるとも解することができるからである。所得税は「所得」に対して「担税力」を見出して課税する。つまり,「所得」があれば「担税力」があるという前提で所得税は構築されている。そして,包括的所得概念は資産の増加益についても「所得」があるものと捉えている。つまり,未実現利得であっても「所得」であり,「担税力」はあるのである。[22]だからこそ,上記最高裁昭和 43 年 10 月 31 日判決でも,「所得のないところに課税所得の存在を擬制したものではなく,またいわゆる応能負担の原則を無視したものともいいがたい」と述べていると考えられる。

また仮に,「担税力」の「形式」と「実質」の区分を収入の有無によって行っているのであれば,「納税のための資力」=「(実質的)担税力」ということになると思われる。そうであれば,「収入金額」などの経済的価値の流入をもって「実現」と捉えることとその意味するところは同じと考えられる。つまり,この考え方によっても,所得税法は「収入金額」(=「実現」)という制限を付して「所得」の範囲を限定していることになるのである。

そしてこの「実現」概念は所得法上にない。それにもかかわらず,「実現」に基づいて「所得」の範囲が限定されている。つまり,不明確な基準に基づいて「所得」の範囲が限定されているのである。このことも問題であると考えられる。[23]

さらに,所得の「実現」を所得の「処分可能性」によって規律することも可

能である。この考え方によれば，「実質的」な担税力も説明できるように思われる。そして，このような「処分可能性」によって「実現」を規律する考え方は，包括的所得概念によって正当化できると考えられている。というのも，包括的所得概念の創始者であるシャンツは，所得の構成要素として「自分自身の資産を費消したり外部資金（債務）を追加することなしに当該期間内にどれほどの資金を自由に使えるか」ということを挙げているからである[24)]。しかし，このように解したとしても，「実現」に基づいた「収入金額」という基準で包括的所得概念を制限していると考えられる[25)]。

また帰属所得についても，その範囲が不明確で広範に及び，そのすべてを把握することが極めて困難であることや，納税資金の問題も理由として指摘されている[26)]。これらの理由も，上記の未実現利得と同じと考えられる。

つまり，包括的所得概念は，未実現の利得や帰属所得も「所得」として捉えながら，「実現」と「収入金額」という制限を受け，現実的には包括性を有していないといえる。それは，包括的所得概念の公平性を損なうという問題を生じかねないのである。

2 必要経費控除

このように，包括的所得概念は収入という面でその包括性が貫徹されておらず問題があると考えられる。しかし，現行所得税法における包括的所得概念の問題はこれだけではない。というのも，「所得」の構成要素のもう一方である，必要経費についても現行所得税法が包括的所得概念と結びついていないと考えられるからである。

周知のとおり，必要経費は所得を得るために必要な支出である。そして，この必要経費について，所得税法 37 条 1 項は，個別対応の必要経費と一般対応の必要経費を定めている。そして，一般対応の必要経費は収益との個別対応が認識できないため，期間の経過によって認識される。

これまで必要経費の判断において事業との直接関連性が求められてきた。例えば，東京地裁昭和 53 年 2 月 27 日判決において[27)]，「事業の業務と関連性をもちもっぱら業務の遂行上の必要性にもとずくと認められる限り，所得税法上，

3　包括的所得概念の問題点と市場所得概念

通常かつ一般的に必要とされる経費と認めるのが相当である」と，事業との関連性を必要経費に要求している。そして，水戸地裁昭和58年12月13日判決[28]では，「当該支出が必要経費として控除されるためには，それが事業活動と直接の関連をもち，事業の遂行上必要な支出であることを要する」と，事業活動との「直接」の関連性を求めている。また，最高裁平成9年10月28日判決[29]でも，「業務を営む者が支出した費用のうち，必要経費に算入されるのは，それが事業活動と直接の関連を有し，当該業務の遂行上必要なものに限られるべきであ…る」と述べた地裁判決を認め，事業との直接の関連性を求めている。さらに，東京地裁平成23年8月9日判決[31]でも，「ある支出が事業所得の金額の計算上必要経費として控除されるためには，当該支出が所得を生ずべき事業と直接関係し，かつ当該業務の遂行上必要であることを要すると解するのが相当である」と示されている。つまり，これまでの裁判例は，必要経費について，①当該所得を生ずべき業務との直接的関連があり，②その業務遂行上必要な支出であることを要件としてきたといえる。

　しかし，一般対応の必要経費が控除されるために求められる業務との関連性について，東京高裁平成24年9月19日判決[32]（以下，「東京高裁判決」とする。）では，事業活動（収益獲得）との直接の関連性を否定している。すなわち東京高裁判決は，「所得税法施行令96条1号が，家事関連費のうち必要経費に算入することができるものについて，経費の主たる部分が『事業所得を…生ずべき業務の遂行上必要』であることを要すると規定している上，ある支出が業務の遂行上必要なものであれば，その業務と関連するものでもあるというべきである。それにもかかわらず，これに加えて，事業の業務と直接関係を持つことを求めると解釈する根拠は見当たらず，『直接』という文言の意味も必ずしも明らかではない」と示し，一般対応の必要経費について業務との「直接」の関連性を否定している。

　この東京高裁判決は，現行所得税法の基礎となった昭和40年の所得税法全文改正に係る議論で示された昭和38年税調答申をもとに解したものと評価されている[34]。すなわち同答申では，「費用収益対応の考え方のもとに経費を控除するに当たって，所得の基因となる事業等に関係はあるが所得の形成に直接寄

67

与していない経費又は損失の取扱いをいかにすべきかという問題については，純資産増加説的な考え方に立って，できるだけ広くこの種の経費又は損失を所得計算上考慮すべしとする考え方と，家事費を除外する所得計算の建前から所得計算の純化を図るためには家事費との区分の困難な経費等はできるだけこれを排除すべしとする考え方との広狭二様の考え方がある。

　所得税の建前としては，事業上の経費と家事費とを峻別する後者の考え方も当然無視することができないが，事業経費又は事業損失の計算については，できる限り前者の考え方を取り入れる方向で整備を図ることが望ましい」と述べられている。つまり，必要経費の考え方には広狭2つの考え方があり，家事費との区別という問題を考える場合には，必要経費を狭く解することもできるが，可能な限り広く，純資産増加説的な考え方によるものと記されている。そして，東京高裁判決は純資産増加説的な，つまり包括的所得概念的な考え方に基づいて必要経費について判断したと評価されている。

　ここで示されている純資産増加説的な必要経費の考え方については，ドイツ所得税の必要経費（Werbungskosten）と事業支出（Betriebsausgaben）との関連で次のような議論がある。すなわち，ドイツ所得税法（Einkommensteuergesetz（以下，「EStG」とする。））は，所得を算定するために控除される費用として2つの概念を用いている。それが必要経費（9条1項）と事業支出（4条4項）である。これらは所得分類に応じて用いられている。具体的には，EStGにおいては7つの所得分類が採用されている。そして，この7つはその性質によって2つに大きく区分される。利得性所得（Gewinneinkünfte）と余剰性所得（Überschußeinkünfte）である（2条2項）。このうち，余剰性所得の計算過程において控除されるのが必要経費で，利得性所得において控除されるのが事業支出である。

　この2つの概念についての定義は，事業支出が「事業に基因する支出」，必要経費が「収入の稼得，保全および維持のための支出」と定められている。そして，この定義の差異からその範囲も異なるものとして考えられている。すなわち，必要経費は「ため（zur）」という文言から一定の目的に向けてなされる支出として目的的（final）概念であるといわれる。それに対して事業支出は，

「基因する（veranlassen）」という文言から事業活動を原因とする支出として，原因的（kausal）概念であるといわれている[37]。

　このような控除される支出についての理解の差は，上記の所得の２つの区分が所得概念に基づいて生じていることに関連する。すなわち，余剰性所得はいわゆる制限的所得概念に基づき，独立した（反復継続的に利得を生じる）所得源泉から生じる経済的利得のみが課税対象として把握される。それに対して利得性所得は，前事業年度終了時の事業財産と今事業年度終了時の事業財産の差額として示されている（４条１項）ように，包括的所得概念に基づいているといわれる[38]。そして，このような所得概念との関連から，必要経費は制限的に理解され[39]，事業支出は包括的に理解されている[40]。そしてそれに基づき，ドイツの判例においてこれら２つの範囲は異なるものとして解されてきた。

　実際に，必要経費の範囲を限定的に捉えた判例として，連邦財政裁判所（Bundesfinanzhof（以下，「BFH」とする。））1957年11月15日判決[41]がある。そこでは次のように述べられている。「必要経費概念は一次的には目的的なものである。すなわち，当該費消は，所得の獲得，保全および維持という目的のためになされなければならない。本件相続税は〔所得の獲得と〕目的的な関連はなく[42]，原因的関連にあるといえる。…費消は，それが必要経費であるならば，ある個別の所得区分と〔そのような目的的な〕経済的関連がなければならない」。このように，必要経費について経済的利得を得るためなどの目的的な関連性を要請している。

　それに対して，事業支出が問題になった事例では包括的に経費性を認める判断が示されている。例えばBFH1997年11月26日判決[43]においては，「費消が事業支出として，EStG４条４項によって控除されるためには，その費消が事業に基因していなければならない。このこと〔基因〕は費消と事業との間に経済的関連を要求している」と示されている。このように，事業との関連性を求めるのみで，収入を得るためなどの目的には着目していない。このことから，重要なのは事業に「基因」していることであると考えられる。

　このように，事業支出と必要経費は，条文上の文言の違いから，その範囲も異なるものとして捉えられてきた。しかし，これらはいずれも純所得を算定す

69

るために控除されるものである。そして，いずれも所得を獲得するための費消である点においても共通している。この点は，BFH1962年3月2日判決でも[44]，「その性質について所得獲得のための消費であるという点で一致する」と認められている。

このような判断を受けて，事業支出と必要経費が同一のものであるということが判例において認められるようになった。そして，BFH1977年11月28日判決[45]が必要経費に対しても，事業支出で認められてきた包括的な考え方を用いるべきであると示した。つまり，必要経費の判断も事業支出と同様に基因性に基づいて判断しているのである。

このように，判例を通じて，必要経費と事業支出が同質のものであることが認められ，基因性に基づいて判断されるようになったと考えられる。そして，このことは近時の裁判例においても維持されている[46]。

また，これは連邦憲法裁判所も認めている。例えば，連邦憲法裁判所1969年10月2日判決[47]では，「所得税は，人税として担税力を把握する。ここから，特に所得の純額課税の原則が導かれる。これによれば，…所得に関して，収入の必要経費を超える余剰だけが所得税に服し，原則としてすべての職業に基因する費消も必要経費となる」と示されている。このことから，基因性によって必要経費も捉え，それを収入金額から控除することが認められていると考えられる[48]。

そして，この基因性に基づいて必要経費および事業支出への該当性を判断する考え方を基因原則（Veranlassungsprinzip）という[49]。この基因原則は，「稼得行為に基因するすべての費用が控除可能でなければならない」という原則である[50]。この原則は，もともとは事業支出にのみ認められていたものである。そして，事業支出は純資産増加説に基づく利得性所得に対応して控除される支出である。つまり，この基因原則こそが，昭和38年税調答申において示された「純資産増加説的な考え方」であると考えられる。

これに対して，わが国では上記のように，これまで必要経費の判断において事業との直接関連性を求められてきた。これらの要件は，業務のために必要であるとか，所得を生じるために必要であるといった目的性が観念できる。つま

り，このような必要経費の理解は上述したドイツ法における目的的な必要経費概念と類似していると思われる。

このことから，現行法における必要経費の理解は，包括的所得概念と結びつく基因性を重視したものではない，つまり純資産増加説的なものではないと考えられる。むしろ，業務との直接的関連性，すなわち所得を生じるために必要なものとして，必要経費を「所得計算の純化を図る」ために，目的的な捉え方によって限定的に解釈してきたといえる。

このようにみると，現行所得税法は，所得を包括的所得概念に基づき広く捉える一方で，必要経費概念を所得源泉説に基づき目的的に狭く捉えているといえる。この点において，所得概念との関係で，必要経費が適切に理解されておらず，問題が生じていることが指摘できる。

3 小 括

ここまでみてきたように，現行所得税法は包括的所得概念を採用しているといわれているが，現実にはそれが貫徹されていないと考えられる。すなわち，「所得」の構成要素である「収入金額」については，所得税法上にない実現原則による制限が加えられている。また，もう一つの構成要素である「必要経費」についても，本来は包括的に構成すべきものであるにもかかわらず，裁判例等で求められている基準は，制限的所得概念に対応した目的的に狭く解するものであると考えられる。

このように，現行所得税法において包括的所得概念は貫徹されていない。包括的所得概念が採用されるのは，公平性がその主たる要因である。その公平性は包括性があるからこそ認められるものである。それにもかかわらず，「収入金額」においても「必要経費」においても，現実には包括的な構成でないのが現状である。このことは，包括的所得概念の正当性根拠として公平性を損なうという問題を生じかねないと考えられる。

II　市場所得概念

上記のように，包括的所得概念はその包括性から公平であると考えられてい

71

る。しかし，その包括性には問題があるといえ，その正当性に疑問が生じる。

　これに関連して，ドイツでは「所得」について，所得源泉説でも，純資産増加説でもない，第3の説である市場所得説（Markteinkommenstheorie）が台頭し支持を集めている[51]。では，この市場所得説は所得をどのように捉えているのだろうか。この市場所得説についてみていこう[52]。

1 　市場所得概念の発端

　市場所得説は，所得源泉説の1つとして紹介されるノイマルク（F. Neumark）の経済活動説を起源としている[53]。ノイマルクは，所得の一般的定義を法律上に定めることを提唱し，自身の所得概念を国庫的所得概念（fiskalischer Einkommensbegriff）と称した[54]。

　ノイマルクは，それまでの所得概念を経済理論上の所得概念（wirtschaftstheorietischer Einkommensbegriff）とし，それぞれを自己の理論と比較・検討している。源泉説に対してはその「源泉」および「循環性」という基準を批判し，純資産増加説に対してはその包括性ゆえの不明確性を指摘している。また，法律上この両説が結びつけられ，その結果，法は所得源泉を考慮しながら包括的に所得を構成していると主張している。それに対してノイマルクは，「所得税の構成要素となる所得は，第一に取得者の国民総生産形成への関与の結果であり，第二に当該経済主体の経済的処分権限を実際に（実質的に）増加させるような利得のみを把握するものである[55]」と示している。これがノイマルクの国庫的所得概念である。

　そしてノイマルクは，帰属所得の問題について原則として所得とは考えていない。これらを所得と考える理論は擬制的であり，所得を満足の流入という観点で捉えているからである[56]。

　またノイマルクは，帰属所得への課税が極めて政策的な観点から行われていることを指摘している。例えば，個人が自己の所有する居宅に住んでいる場合，帰属家賃が生じそれに対する課税が問題となる。賃貸住居に住むことが慣行的になっている場合には，帰属家賃は比較的捕捉可能で課税しやすいが，国民の多くが抵抗することが考えられる。また，帰属家賃に対して課税する一方で，

自家用車や家具などの利用価値に対しても課税をしなければ不平等を生じることになる。しかし，自家用車や家具などは，利用価値が捕捉困難であるとともに，自己で所有することのほうが一般的である。そのため，それらに対しても課税することはより多くの国民が抵抗すると考えられる。このような理由から政策的にこれらに対する課税はまず行われない。つまり，政策的な観点から，住居の利用価値は課税対象となり，その他の動産などは課税対象とならない。もし，このような課税が認められるならば，為政者がその課税対象を恣意的に区別することが想定される。その結果，納税者の予測可能性は低くなり，かつ課税において不平等を生じることになる。ノイマルクはこの点を問題にしている。

　さらにノイマルクは未実現のキャピタルゲインを問題にしている[57)]。なぜなら，このような所得は能動的な活動の結果ではないからである。このような利益は，財産増加ではあるが純粋な所得経済においては評価されず，所得の構成要素ではないのである。

　この点についてノイマルクは実現原則の採用を唱えている。そして，譲渡益課税について，事業性のあるもののみを所得に取り入れることを示している。これは，事業性のある譲渡益が会計によって把握できるからと思われる。また，それらの譲渡益が未実現の場合は所得に組入れることを原則否定している。つまり，ノイマルクの理論は，未実現の譲渡益を排除している点で純資産増加説とは異なる。しかし，企業会計に基づき譲渡益への課税を認めようとする点は，源泉説とも異なっている。

2　市場所得概念への展開

　このような，ノイマルクの示した経済活動説が市場所得説の発端と考えられる。そして，ここから発展した市場所得説は，上記のように今日のドイツにおいて支持を集めている。市場所得説の理論についてみてみると，今日の代表的論者は，ルッペ（H. G. Ruppe），ラング（J. Lang），キルヒホフ（P. Kirchhof）である。これらの論者は，所得を市場で獲得される利得に限定している点で一致している。そのため例えば，相続・贈与や帰属所得による利得は市場で獲得さ

れないため「所得」に含まれない。さらに，未実現のキャピタルゲインは，獲
得されたものでないため「所得」に含まれない。しかしながら，これらの利得
を所得から排除する理由はそれぞれの論者によって異なっている。そこで以下
では，各論者の理論の特徴，とりわけ一定の利得を所得から排除する根拠を中
心に，市場所得説の展開についてみていこう。

(1) ルッペの所得帰属論

　ルッペは，もともと所得概念を論じるのではなく，所得の人的帰属論を展開
した[58]。そして，その帰属論の前提とされたのが市場所得説である。このルッペ
の理論は，「市場で稼得された所得のみに所得税が課せられている，という指
標をてがかりに各種所得の帰属にドグマを立てた」[59]ものである。ルッペは，当
時の所得税法における 7 つの所得区分について検討し，「市場における給付の
売上（Umsatz von Leistungen am Markt）」が「共通の最小分母（der kleineste
gemeisame Nenner）」であり，これが市場における収益に対して課税する根拠
であると主張している[60]。そして，ルッペは「所得源泉（Einkunftequelle）」とい
う概念を確立した。この「所得源泉」とは，「市場取引への参加〔および〕給付
の売上」，すなわち「市場における給付の有償利用（entgeltliche Verwertung von
Leistungen am Markt）」である。

　このようにルッペは，所得概念について直接に言及していないが，所得の帰
属主体に関する議論の前提として所得区分に共通する分母である「所得源泉」，
すなわち「市場における給付の有償利用」を導き出している。そして，この
「市場における給付の有償利用」から生じる利得が「所得」と考えられる。つま
り，ルッペは，「所得」とは「所得源泉である市場における給付の有償利用から
生じる利得」であると解している。このことから，ルッペは，市場所得説が
「所得」を市場における経済活動に限定する根拠を示したと評価できる。

　またルッペは，当時の所得税法における所得区分を考慮した上で，所得の範
囲に関する理由付けを行っている。当時の所得概念には，相続，贈与，公的扶
助など，所得税法上非課税または免税のものが含まれていた。しかしながらル
ッペは，本来それらが所得税法上の所得区分に含まれていないことを根拠に，
それらの利得を「所得」から除外するよう主張している。つまり，ルッペによ

74

れば，所得税法上「所得」に含まれていないものは「所得」の範囲から除外されるべきということになる。

(2) ラングの理論

このようなルッペの議論とは異なり，所得の範囲に何が含まれるか，という点から市場所得概念を捉えるのが，ラングである。すなわち，市場所得説が台頭した背景には趣味からの収益（Liebhabereieinküfte）が所得に含まれるか否かに関する議論もあり[61]，ラングはその点を特に意識している。

ラングは，純資産増加説が，すべての純収益を所得とみなしているにもかかわらず，実際には課税できないものを含んでいることを批判している。すなわち，ラングが市場所得説を唱えた当時，ドイツにおいては帰属家賃課税が行われていた（旧 EStG 21 条 2 項）。しかしラングは，その他の帰属所得に課税されていなかったことから，帰属家賃への課税は不平等であると批判している[62]。つまりラングは，純資産増加説による「所得」と所得税の実際の課税対象とが一致していないために，純資産増加説は実務上失敗していると主張している。さらに，純資産増加説が包括的な構成であるため，財産の増減原因を個別に考慮していない点を批判している。すなわち，課税対象所得には，社会保障給付額などに対する課税を排除する課税対象所得の質的適格性（適格化）と最低生活費を所得から排除する所得の量的適格性（定量化）が，観念的に必要であると主張している[63]。しかし，純資産増加説がこれらを考慮していない点を批判している。その上でラングは，適格化および定量化によって純資産増加説を適切な範囲に限定し，所得税の課税対象を獲得された所得のみに限定すべきであると主張している[64]。

またラングは，「市場への参加」を，そこで実現されるすべての利得を公平に所得と観念するためのメルクマールと解している。そのためラングは，課税対象所得の基本的メルクマールとして，市場における「経済的交易への参加」行為を通じた所得の「獲得（Erzielen）」を強調している[65]。そして，この「獲得」が所得の客観的要件であると主張している。

さらに，市場所得説が自由市場経済の要素として所得に対して根本的意義をもつことを認め，所得概念の決定には「営利目的（Gewinnerzielungsabsicht）と

いう主観的要件」が必要であるとも主張している[66]。この営利目的という主観的要件は，課税対象所得と課税対象ではない私的な領域における所得とを区別するためのメルクマールとして必要であると考えられている。

このような，所得の客観面と主観面の2つの要素から，自家消費および帰属所得を市場外での獲得であることを理由に所得から排除している。また，相続および贈与はそれぞれ相続税および贈与税に服し当該財産が市場で利用された時点で課税されることになる。趣味からの収入，スポーツおよび賭事は，営利目的をもたないため非課税であると主張している[67]。さらに公的扶助は，市場で獲得されるものでもなく営利目的ももっていないため，非課税になる。

このように，ラングは，所得の構成要素として市場での「獲得」という客観的要件と「営利目的」という主観的要件という2つの要件を確立している。

(3) キルヒホフの法曹大会での意見書[68]

このようにルッペとラングは，所得税法をもとに市場所得説を唱えてきた。それに対してキルヒホフは，憲法との関連から所得税のあり方を検討し市場所得説を唱えている。キルヒホフは，1988年に行われたドイツ法曹大会の租税法部門において，意見書を発表し，そのなかで憲法（特に基本法（Grundgesetz）14条2項）と関連づけて市場所得説を説いている[69]。

課税によって介入を受ける財産権は基本法14条1項によって保障されている。その財産権に対する課税の根拠について，キルヒホフは以下のような理論を展開している。「財産の自由の本質的内容は所有権利用の権利である。このような利用権は，国家の持分である租税上の介入によって制限される。しかしそのような制限が認められる場合にのみ，利用権の自由な行使が保障されるのである。…したがって，収益基盤（Erwerbsgrundlage）を私的に利用することによって，私的収益が発生する。それと同時に，その収益のなかに課税対象収益が観念される。所得税は，この課税対象収益である所得に応じて，国家の持分を把握しなければならない」。つまり，収益基盤を利用して獲得された利得のなかにある国家の持分が所得税というかたちで実現されるのである。

個人の所得獲得は，生産や収益のために国家が提供する法的根拠に依拠し，国家の経済政策を利用し，そして給付を受領する。つまり，個人所得は法律上

用意された行為手段に本質的に依拠する。個人所得はこのような社会との結合を前提としている。そしてこの社会的結合について基本法 14 条 2 項を根拠としている。すなわち，キルヒホフは，基本法 14 条 2 項に基づき，「所得は所有権の社会的結合の枠内でのみ課税され得る」と主張している。また，「所有権の行使は同時に公共の福祉に役立つべきである」という基本法 14 条 2 項 2 文の文言から，所得の特別な社会的義務性（Sozialpflichtigkeit）を観念している。そしてキルヒホフによれば，社会的義務性をもつ所得とは，「市場取引の対価」[70]であり，「社会的義務性は，財産の増加に応じてではなく，収益の増加に応じて増大する」。そのため収益の増加に応じて所得税を負担することになる。

つまりキルヒホフの理論は，「国家が市場を組織し，保障し，そして秩序立てているため，個人が市場で利益を獲得することもできるのである。その市場には何らかの収益基盤が存在し，その収益基盤を利用することによって獲得する利益には，その獲得と同時に国家の持分が発生する。獲得された利益により，それを獲得した個人の支払能力が増大するため，国家は課税というかたちで干渉し，その持分を実現し得る」といえる。そして，市場で獲得した所得である以上，実現されていることが必要になる。

またキルヒホフは，生存を保障する支出，すなわち最低生活費を所得から排除している[71]。なぜなら，生存に必要不可欠な所得は所得税を免除されなければならないからである。キルヒホフは，このことを「生存権という自然権は国家の課税権に優先するからである」としている。すなわち，人は，市場へ参加してこそ収益を獲得できるのであり，市場に参加するためにはまず生存していなければならない。したがって，最低生活費は，まず租税に優先して控除されるべきであり，所得に含められてはならないのである[72]。

このようなキルヒホフの理論によれば，相続や贈与といった無償による財産取得や帰属所得といった経済的価値の流入を伴わない利得は，市場で獲得されておらずかつ社会的義務性を負うものではないため，「所得」に含まれない。また未実現のキャピタルゲインは実現されていないため「所得」に含まれない。

このように，キルヒホフの理論は所得税を憲法と結合させて展開されている点に大きな特徴がある。つまりキルヒホフは，憲法的観点から理論を確立し，

市場所得による所得概念を主張しているのである。

3 小 括

ここまでみてきたように，市場所得概念はノイマルクの経済活動説をもとに，ルッペ，ラング，そしてキルヒホフという論者によって展開されてきている。それは以下のように整理できる。すなわち，ルッペは「市場への参加」を法律上の「共通分母」として確立した。そしてラングは「獲得」という客観的要件および「所得を獲得する意思」という主観的要件を確立した。そしてキルヒホフは，市場所得概念を憲法と結びつけ，さらに所得に対する所得税の介入を憲法上根拠づけた。

そして，これらに基づいて市場所得説に基づいて，「所得」を定義する場合には，「所得」とは「市場における経済活動への営利目的を持った参加によって獲得（実現）された経済的利得」であると考えられる。そして，これらはEStG における所得区分に共通する要素であり，また憲法との関係では応能負担原則，最低生活費保障を実現するものと考えられる。

Ⅲ 市場所得概念の有用性

上記のように市場所得説に基づき「所得」が定義されその範囲が限定される。このような定義をした場合に，上述の包括的所得概念の問題はどのように考えられるだろうか。市場所得概念の現行法との整合性，そしてその有用性についてみていくことにしよう。

1 実現原則

まずは「収入金額」との関係で純資産増加説が未実現の経済的利得をも所得に含めていながら，現実は課税できていない点についてみてみよう。

この点について，ノイマルクによれば，個々の納税義務者は価値の増加を新たに獲得（実現）しなければならない。そしてルッペも，国民総生産形成への参加というメルクマールによって，未実現の利得を所得税の対象外としている。これは，EStG に共通したメルクマールとして「実現」という要素を導き出し

たからである。つまり，市場所得概念は実現原則と結びつき，「所得」は実現された利得になる。

　この点，実現原則は法律上明確な原則ではない。しかし，市場所得説とは不可分といわれている。実現原則の中心的特質は，利益が流入した売上と結びつくことにある。市場所得説は，市場における経済活動によって得られた売上金額に基づいて所得を把握する。つまり，市場所得説は実現した市場所得のみを課税対象としているのである。ここにいう「実現した市場所得」とは，納税義務者が市場における経済活動によって獲得し，自己の経済的な処分権限を増加させた経済的利得である。このようにして，市場所得説は，実現原則と結びつくことにより，納税義務者が市場において獲得した売上だけを把握する。そのため，未実現のキャピタルゲインが所得から排除される。そしてこれは，現行所得税法上の所得分類とその課税における「収入金額」とも結びつくことになる。

　また，市場所得説は「市場における経済活動への参加」を基本的要件としている。そのため，「所得」は市場を通じて獲得されなければならない。そうすると，帰属所得は市場で獲得されないため「所得」から除外される。これは，現行所得税法上，帰属所得のような擬制された所得が課税されていないことに合致する。つまり，市場所得概念では擬制的な経済的利得はすべて「所得」から排除されるのである[73]。

　このような市場所得概念の考え方はわが国の所得税法においても妥当する面が少なくないと思われる。すなわち，現行所得税法における10種類の所得区分において，その多くが市場への参加によって得られるものという共通の特徴をもつと考えられる。これは所得税法が，今日の市場経済を前提とした経済活動を前提としていると考えられるからである。その結果，市場所得説は，源泉説が所得から除外した一時的・偶発的な利得も課税対象に含めることができ，「収入金額」によって限定された課税を実行できる。

2　必要経費

　次に，包括的所得概念との関係で問題があると考えられる必要経費について

みてみると，上記のように，包括的所得概念に基づくのであれば必要経費は基因原則に基づいて包括的に捉えられなければならない。このような必要経費概念について，市場所得概念はどのように捉えているのであろうか。次にこの点についてみていくことにしよう。

　この点について，上記のように，ドイツにおいては，必要経費も事業支出も純所得課税の実現という共通の目的を有するものであるため，同じ範囲のものであると解されている。すなわち，基因原則が必要経費概念にも適用され，原因的な必要経費概念が成立している。

　また基因原則は収入と支出との間の経済的関連を直接的なものに限定していない。すなわち，ドイツにおいて，必要経費は基因原則に基づいた原因的な概念として理解され，当該支出とその結果得られた収入との間の経済的関連は間接的なもので足りると考えられている。

　そして，この基因原則との関連について市場所得説では，「市場所得説は基因理論による収益収入および収益消費の限界づけ…に貢献する[74]」と指摘されている。この指摘によれば，市場所得概念は基因理論に基づいて必要経費を捉えていると考えられる。

　これに関連して，上記のように，市場所得説は所得税法から導かれた各種所得分類に共通するメルクマールとして「市場における経済活動」を前提としている。そして市場所得説は余剰性所得も利得性所得も包含している。それゆえ，必要経費と事業支出も包含することになる。その結果，市場におけるすべての収益消費は基因原則によって控除が認められる。

　本来，基因原則は純資産増加説に対応する利得性所得における事業支出にのみ妥当すると思われる。しかし，純所得への課税を実現することは，余剰性所得にも利得性所得にも共通する。そのため，必要経費の問題においても同一の基準が要請され，必要経費に基因原則が適用され，原因的な必要経費概念が認められるようになっている[75]。

　しかし，このような必要経費の理解は条文の解釈を超えるとも考えられる。そのため，必要経費と事業支出とを統一的に基因原則に基づいて捉える理論が必要となる。そこで，所得税法におけるすべての所得区分に共通する要素とし

て導き出された市場所得説が妥当することになる。つまり，市場所得概念は解釈上明確に基因原則と結びついているのである。

3　小　括

　ここまでみてきたように，包括的所得概念で問題となっていると考えられる，「収入金額」，実現原則との結びつきについて，市場所得概念は実現という要素を明確にしていることから，有用性があると思われる。また必要経費についても，現在の取扱い上では，所得を包括的に構成しながら必要経費を制限的に捉えている問題がある。これについては，純資産増加説に基づいた基因原則が採用されるべきであるといえる。この基因原則についても，市場所得説は明確に結びつきを求めている。この点でも有用性を有すると思われる。

おわりに

　以上のことから包括的所得概念には次の2点が大きな問題として指摘できる。
① 包括的所得概念は法律上定められていない実現原則と結びつくことにより，その包括性を失い，「所得」の範囲を不明確なものとしている。
② 現在の所得税法において，必要経費は収入との直接的関連性を求められており，本来包括的所得概念が求めている包括的な，基因原則に基づく捉え方になっていない。
　これらの問題に対して，市場所得説は次のように説明できる。
① 市場所得概念は，市場における経済活動とそれによる実現を「所得」の要素としており，実現原則と明示的に結びついて「所得」の範囲を限定している。
② 必要経費についても，基因原則に基づくことを明確に示し，包括的な捉え方をしている。
　このように，ドイツにおける所得税法から導かれた市場所得説は，わが国においても現実の取扱いに即した「所得」の定義として有用性をもつと考えられるのである。

81

注

1) 谷口勢津夫『税法基本講義〔第5版〕』(弘文堂, 2016年) 191頁。

2) 金子宏『租税法〔第22版〕』(弘文堂, 2017年) 187頁。

3) 谷口・前掲注1・193頁。

4) 金子・前掲注2・188頁。

5) この他にも, 各種特別措置などを通じて本来包括的であるはずの「所得」に対する課税がなされていない現状がある (金子宏「租税法の諸課題―わが国税制の現状と課題―」税大ジャーナル1号3頁 (2005年) 7頁)。

6) 渡辺智之「タックス・ミックスについて」税研128号89頁 (2006年) 91頁。

7) 谷口・前掲注1・201頁。

8) 金子・前掲注3・188頁, 李昌熙「租税政策の分析枠組み (下)」ジュリ1221号145頁 (2002年) 150頁, 渡辺徹也「実現主義の再考―その意義および今日的な役割を中心に―」税研147号63頁 (2009年), 岡村忠生・酒井貴子・田中晶国『租税法』(有斐閣, 2017年) 48頁〔岡村〕。

9) 水野忠恒「所得税と相続税の交錯―非課税もしくは課税繰り延べとされる所得」ジュリ1020号156頁 (1993年), 同「欧米の相続制度と相続税制」租税研究505号40頁 (1991年), 北野弘久編『判例研究日本税法体系3』(学陽書房, 1980年) 64頁〔水野武夫〕参照。

10) 訟月14巻12号1442頁。

11) 判時780号37頁。

12) 岡村忠生「所得の実現をめぐる概念の分別と連接」法学論叢166巻6号 (2010年) 94頁 (104頁), 岡村・酒井・田中・前掲注9・49頁〔岡村〕。

13) 民集26巻10号2083頁。

14) 訟月53巻9号2692頁。

15) 谷口・前掲注1・200頁。

16) 渡辺・前掲注6・72頁, 伊川正樹「譲渡所得における実現の意義と譲渡所得の性質」名城62巻2号 (2012年) 1頁 (2頁), 同「譲渡所得とその課税および実現主義―増加益清算説と譲渡益課税説の対立点」水野武夫先生古稀記念論文集『行政と国民の権利』(法律文化社, 2011年) 468頁。

17) この意味では, 「実現」は「所得」の構成要素とはいえないことになる (金子宏「租税法における所得概念の構成」同『所得概念の研究』(有斐閣, 1995年) 1頁76頁, 李昌熙「租税政策の分析枠組み (上)」ジュリ1220号 (2002年) 119頁 (123頁)。

18) シャンツ (Georg von Schanz) は, 未実現利得についても給付能力, すなわち担税力がある者として捉え所得に含めていたと考えられるが, 実際の利用可能性という観点から実現した価値増加のみを所得に含めるように限定せざるを得なかったという解釈もある (上野隆也「純資産増加説の現代的意義」国際会計研究学会年報2010年度 (2010年) 153頁)。

19) 金子宏「所得概念について」同『租税法理論の形成と解明 上巻』(有斐閣, 2010年) 421頁 (425頁), 石島弘「税法の所得概念における実現概念」同『課税権と課税物権の研究』(信山社, 2003年) 125頁 (154頁)。

20) この点で，増加益清算説が譲渡所得課税を整合的に説明できておらず，譲渡所得課税の趣旨として譲渡益所得説が有益であると指摘するものとして，伊川正樹「譲渡所得課税における『資産の譲渡』」税法561号（2009年）3頁がある。

21) 伊川正樹「みなし譲渡所得に『担税力』はあるのか」名城66巻1・2号（2016年）329頁（344頁，352頁）。

22) 岡村・前掲注12・102頁。

23) 渡辺・前掲注6および岡村・前掲注12を参照。

24) 谷口勢津夫「収入金額の計上時期に関する実現主義の意義─判例分析を中心に─」阪法64巻6号（2015年）1頁（19頁）。

25) 谷口・前掲注25・21頁。

26) 谷口・前掲注1・204頁

27) 判タ374号156頁。

28) 税資134号387頁。

29) 税資229号340頁。

30) 東京地裁平成6年6月24日判決・税資201号542頁。なお，控訴審判決（東京高裁平成8年4月26日判決・税資216号311頁）も同旨。

31) 判時2145号17頁。

32) 判時2170号20頁。なお，平成26年1月17日に最高裁不受理決定が出されている。

33) 税制調査会「所得税法及び法人税法の整備に関する答申」（昭和38年12月）。必要経費に関しては42頁以下。

34) 田中治「家事関連費の必要経費該当性」税務事例研究143号（2015年）36頁（40頁）。

35) 税調答申・前掲注33・43頁。

36) 以下の議論について詳細には，奥谷「市場所得における控除概念─基因原則による必要経費─」島法45巻2号（2001年）23頁，同「必要経費の意義と範囲」税法575号（2016年）229頁を参照されたい。

37) Joachim Lang, Die Bemessungsgrundlage der Einkommensteuer, Köln 1988, S. 318ff., Dieter Birk,/Marc Desens/Henning Tappe, Steuerrecht 19. Aufl., 2016, Heidelberg, Rdn. 1012ff..

38) A. a. O. Birk/Desens/Tappe, Rdn. 608ff..

39) Tipke/Lang, Steuerrecht 22. Aufl., 2013, Köln, §8 Rz. 181ff. [Johanna Hey].

40) A. a. O. Birk,/Desens/Tappe, Rdn.1012ff..

41) BFH v. 15. November 1957 VI 79/55U：BStBl. III 1958, 103.

42) 本稿において引用「　」中にある〔　〕は特に断りのない限り，筆者による補足を意味する。

43) BFH v. 26. November 1983 GrS 2/82：BStBl. II 1984, 160.

44) BFH v. 2. März VI 79/60 S：BStBl. III 1962, 192. また，1962年8月24日判決（BFH v. 24. August 1962 VI 218/60 U：BStBl. III 1962, 467.）でも同様に認めている。

45) BFH v. 28. November 1977 GrS 2-3/77, BStBl. 1978 II S. 105.

46) A. a. O. Tipke/Lang, §8 Rz. 230ff. [Hey].

47) BVerfG v. 2. 10. 1969-1 BvL 12/68, BVerfGE 27, 58., Joachim Lang, Konkretisierungen

und Restrikitionen des Leistungsfähigkeitsprinzips:in FS für Heinrich Wilhelm Kruse, Köln, 2001, S. 316.

48) Guido Weber, Die Abgrenzung zwischen Erwerbs- und Privatsphäre nach dem Veranlassungsprinzip, StuW 2009, S. 184（185）.

49) 奥谷・前掲注 36・27 頁。

50) 基因原則を中心とした以下の内容については，奥谷・前掲注 36・28 頁。

51) A. a. O. Tipka/Lang, §8 Rz, 50ff. [Hey].

52) 以下の市場所得説の詳細については，奥谷「市場所得説の生成と展開（一）」民商 122 巻 3 号（2000 年）324 頁（339 頁以下）を参照。

53) Fritz Neumark, Theorie und Praxis der modernen Einkommenbesteuerung, Bern, 1947, S. 37.

54) A. a. O. Neumark, S. 34ff..

55) A. a. O. Neumark, S. 41.

56) A. a. O. Neumark, S. 42f..

57) A. a. O. Neumark, S. 44f..

58) 木村弘之亮「西ドイツ所得税法における所得帰属論（上）―所得源泉の譲渡―」，ジュリ 909 号（1988 年）96 頁（97 頁），同「ドイツ所得税法における所得概念―所得の人的帰属との関連において―」波多野弘先生還暦祝賀記念論文集刊行委員会編『波多野弘先生還暦祝賀記念論文集』（同刊行委員会，1988 年）125 頁（157 頁）。

59) H. G. Ruppe, Möglichkeit und Grenzen der Übertragung von Einkunftsquellen als Problem der Zurechnung von Einkünften, DStJG Bd. I, Übertragung von Einkunftsquellen im Steuerrecht, 2. Aufl. Köln, 1979, S. 7, 17ff..

60) A. a. O. Ruppe, S. 16.

61) Joachim Lang, Liebhaberei im Einkommensteuerrecht, StuW 1981, S. 223ff. Vgl. Hermann-Wilfried Bayer (unter mit von Thomas Birtel), Die Liebhaberei im Steuerrecht, Ein Beitrag zur Lehre vom Steuertatbestand, in: Tübinger Rechtswissenschaftliche Abhandlungen, Bd. 52., 1981, Tübingen.

62) A. a. O. Lang, S. 227.

63) Dazu a. a. O. Lang, S. 229f..

64) Joachim Lang, Die Bemessungsgrundlage der Einkommensteuer, Köln, 1988, S. 169.

65) A. a. O.（Fn. 64）Lang, S. 237ff.; ders., a. a. O.（Fn. 61）S. 230f. u..

66) Joachim Lang, Reformentwurf zu Grundvorschriften des Einkommensteuergesetzes (Münsteraner Symposion Band II), Köln, 1985, S31ff, u. 201.; ders., a. a. O.（Fn. 64）S. 248ff.; ders., a. a. O.（Fn. 61）S. 227. キルヒホフの理論については，谷口勢津夫「市場所得説と所得概念の憲法的構成―パウル・キルヒホフの所説を中心に―」碓井光明・小早川光郎・水野忠恒・中里実編『公法学の法と政策（上）』（有斐閣，2000 年）465 頁も参照。

67) A. a. O.（Fn. 64）Lang, S. 267 ff; ders., a. a. O.（Fn. 61）S. 223ff..

68) Paul Kirchhof, Empfielt es sich das Einkommensteuerrecht zur Beseitigung von Ungleichbehandlung und zur Vereinfachung neu zu ordnen?, Gutachten F zum 57.

3 包括的所得概念の問題点と市場所得概念

deutschen Juristentag, Mainz 1988, München.

69) A. a. O. Kirchhof, S. 14ff..

70) A. a. O. Kirchhof, S. 20ff..

71) A. a. O. Kirchhof, S. 51ff..

72) Vgl. Jens Peter Meincke, Empfielt es sich, das Einkommensteuerrecht zur Beseitigung von Ungleichbehandlungen und zur Vereinfachung neu zu ordnen?, DB. 1988, S. 1869ff.; Dieter Birk, Die verteilungsgerechte Einkommensteuer-Ideal oder Utopie?, JZ 1988, S. 820ff.; Josef Isensee, Referat, im Verhandlungen des 57. deutschen Juristentages, Mainz 1988, München, Bd. II, Teil N. S. 32ff. usw..

73) A. a. O. (FN. 64) Lang, S. 43f..

74) Tipke/Lang, Steuerrecht 16. Aufl., 1998, Köln, §9 Rz. 52.

75) A. a. O. (FN. 39) Tipke/Lang, §8 Rz. 213ff. [Hey].

4　討論　所得概念の再検討

〔司会〕

　望月　爾（立命館大学）

〔討論参加者〕

　石村耕治（白鷗大学）／奥谷　健（広島修道大学）／川勝健志（京都府立大学）／黒川　功（日本大学）／髙沢修一（大東文化大学）／鷹巣辰也（税理士）／鶴田廣巳（関西大学）／藤間大順（青山学院大学大学院）／松井吉三（税理士）／松田周平（税理士）／安井栄二（立命館大学）／依田俊伸（東洋大学）

司会　それでは，午後の討論に入らせていただきたいと思います。まず最初に，川勝先生への白鷗大学の石村先生の最初のスリランカのご質問からお願いします。

石村（白鷗大学）　ちょっと記憶が曖昧なのですが，スリランカかインドかどちらか一旦支出税を導入したと思うのです。それで途中で廃止したと記憶しているのですが，それはどういう理由なのか。私が記憶しているところでは，執行不能ということだったような気がするのですが，もし私の記憶に違いがなければ先生にお答えをいただきたいということです。

　それから，支出税における個人の財産の国家監視という問題について，どう考えるのか。

川勝（京都府立大学）　2点ご質問いただきましたので，順次お答えしたいと思います。

　1つ目，スリランカの事例ということ

ですが，これに関しましては，私自身も自分で調査して研究したわけではないのでなんともいえないのですが，スリランカについては，先生がおっしゃったように，執行上の問題でということはよくいわれていることではあるのですが，諸説あるように思います。スリランカということで，途上国の特殊事情であったりとか，あるいは支出税に内在する欠陥にその原因があったのか。あるいは，スリランカとかインドの2国に対して影響を与えたのはカルドアなのですが，カルドアの支出税案自体にいろんな不備があったのではないかとか，さらにいうと，実際にスリランカやインドで実行に移すプロセスで法整備に不備があったのではないかとか，さまざまな要因によって結局うまくいかなかったといわれています。

　ただ，私がこれまで読んできた論文では，それもまだ不確かな分析ではないか

なと思っていますし，もちろんスリランカとかインドという国を調査して分析することの限界というのが先進国に比べるとかなり大きいのかなとは思うのですが，そういう意味では，安易に執行上の問題のみでこれが実現不可能だったとは説明しきれないかもしれないと。ただ，間違いなく，それは一要因であったことはあるのかなと私は思っています。ちょっとうまく答えられたかどうかわからないのですが，そのようなことで，少し情報提供も踏まえてお答えということにさせていただきたいと思います。

それから，2つ目のご質問につきましてはかなり重い質問でして，私はご存じのように財政学者ということになりますので，個人の財産の国家監視の問題をどう理解したらいいのかということは，これは権限とか権利，そういう問題にかかわるので，むしろ税法の先生方のほうが得意とされる分野なのかなと思うのです。私の分野に引きつけて考えたときに1つ答えとして申し上げたいことは，このように個人の財産，あるいは，あらゆる金融取引を国家が監視するような形というのは，恐ろしく徴税コスト，モニタリングのコストがかかってくると考えたときに，アダム・スミスの租税原則でも挙げられているような徴税コストの最小化に反するのではないか。おそらく徴税コストのほうが上げられる税収よりも上回ってしまう可能性すら懸念される。財政という観点からすると，この点のほうが私

は気になるというようなことでお答えに代えさせていただきたいと思います。

司会　続きまして，青山学院大学の藤間会員より質問が出ております。

藤間（青山学院大学）　1点目ですが，日本の所得税の話についても，現在，資本所得の軽課措置がいろいろ講じられていまして，それによって消費課税化しているのではないかという指摘が税法のほうではあります。

川勝先生の考えをお聞きしたいのですが，当時のイギリスと現在の日本は消費税制度について類似した状況にあるのでしょうか。

川勝（京都府立大学）　まずご質問の中で，当時のイギリスと現在の日本，類似した状況であるかということなのですが，私はそういうことに対して結構慎重な立場なのですが，当時のイギリスと日本の現状を単純比較すべきではないというのがあります。昨日も報告の中でご説明させていただきましたように，当時のイギリス税制にはある種の特殊性みたいなものがあるということを考えると，特に単純比較というのはできないのかなと思っています。

その上で，ご指摘のあった日本の所得税が消費税化しているのではないかという議論なのですが，これは支出税化しつつあるのではないかという言い方をする方もいらっしゃると思います。そのときに必ずといっていいほど持ち込まれる議論として，北欧などで導入されている二

元的所得税を1つのよりどころとする説明です。

　以前に京都大学の諸富先生を中心に一緒に書かせていただいた『グローバル時代の税制改革』という本があるのですが，その中で日本の金融所得一体課税について論文を書かせていただきました。今申し上げた二元的所得税との比較をしながら日本の動きを評価するということで書いてみたのですが，その中ではっきりとわかったことは，スウェーデンの二元的所得税を導入する背景と，日本で金融所得一体課税が進められる，ある種の支出税化するような動きというのは必ずしも一緒ではないということなのです。もっといえば，明らかに違うということなのです。実はそのことについて非常に大事な問題じゃないかなと思って，私がそのときに結論として整理したことを申し上げたいと思うのです。

　まず，日本の金融所得一体課税論とスウェーデンの二元的所得税，この決定的な違いを4つの点から申し上げたいのですが，1つ目が導入の背景の違いです。北欧の二元的所得税というのは，当時，さまざまな優遇税制が存在していて，典型的には無制限に借入利子の控除を認めるという形での租税裁定が横行していたという問題です。そのことによって，高額所得者が租税回避行動を盛んに行っていたという問題を解消したいということで導入されたので，実はスウェーデンの二元的所得税というのは，日本でいうと

ころの課税の中立性とか，簡素性とか，そういうことを追求するようなものよりも，むしろ資本所得に対してしっかり課税すると。その意味で，できる限り公平性を担保していこうという意図でもって，この二元的所得税というのは導入されたと理解するべきではないのかなと思っています。ご存じのように，日本の金融所得一体課税論というのは貯蓄から投資へという非常に政策的な要請に応えるために進められたという側面がありますので，その意味では二元的所得税の背景とは随分違うと思うのです。

　それから，両者の違いということで申し上げたいのは，ともに分離比例課税をするということになっているのですが，二元的所得税の場合は，先ほどもちょっと申し上げましたように，従来からの総合課税のもとで，できる限りキャピタル・ゲインに対して課税して租税回避を抑制するという目的があるというのが1つ。

　それからもう1つが，税率がインフレ影響を調整するとか，法人所得税や地方勤労所得税の税率と一致させるように設定しているということなのです。また後でもう1回触れますが，確かに分離比例課税を二元的所得税はしているのですが，日本と違って，かなり高い税率で比例課税しているのです。だから，比例課税という点では同じなのですが，ご存じのように，特に日本では金融所得に対して低い税率が優遇税制されて，それに対して

スウェーデンのほうはかなり高い税率を
設定しているというところもかなり違う
ところです。金融所得一体課税の方はど
うであるかというと、それは先ほどもち
ょっと説明した税率が低いということに
加えて、やはり従来から税務執行上の難
しさとか、あるいは経済政策的な観点、
資本蓄積の促進、貯蓄奨励、こういうも
のが色濃く反映している。この点が2つ
目、両者の違う点です。

そして、3つ目が課税ベースです。課
税ベースは、先ほどの説明からもおわか
りいただけたと思うのですが、二元的所
得税の場合は資本所得に対して、これま
で数多くの優遇税制、あるいは借入利子
控除を認めてきたのですが、そういうも
のを見直して、むしろ租税回避を抑制す
るだけじゃなくて、課税ベースの拡大に
努めると。その意味では課税強化なので
す。この部分はグローバル化時代に対応
して軽課するという理解をされる方も多
いと思うのですが、実態は課税ベースを
拡大するという意味では課税強化なので
す。一方で金融所得一体課税はどうかと
いうと、これはみなさんもよくご存じか
と思うのですが、先ほどもちょっと触れ
ましたが、税率が法人税率よりも低い本
則20％。こういうもとで損益通算の範
囲を拡大するということになってしまっ
ているので、これはむしろ課税ベースを
縮小させてしまうのです。これは明らか
な軽課であり、税収減につながってしま
うということです。

そして4つ目が、資本所得、日本の場
合だと金融所得ということに絞られるか
と思うのですが、それの捕捉という点で
す。二元的所得税の場合は、昨日の話と
もちょっと通ずると思うのですが、でき
る限り課税を強化する、公平課税を実現
しようという考えのもとに富裕税、これ
はいろんな言い方があると思うのですが、
純資産税とか、あるいは不動産税、とに
かく資産課税と組み合わせて比例課税す
ることによる弊害みたいなものをできる
限り修正するという努力も税体系全体で
やっているというのが二元的所得税の背
景にはあるということです。しかも、ス
ウェーデンの場合は納税者番号制度も既
に導入されておりましたし、その意味で
の公平性の担保というのも日本と違うと
ころといえると思います。日本の金融所
得一体課税は、これは言わずもがなな
のですが、二元的所得税、スウェーデンの
事例のような形で、少なくとも金融所得
一体課税をやるのだという動きが強まる
当初、その段階ではマイナンバー制度も
導入されておらず、まだ資産課税の強化
をするというような議論すら出てこなか
ったという意味で、やろうとしているこ
と、目的としていることが異なるという
ことなので、支出税化しているとか消費
税化しているという指摘は非常に表面的
なとらえ方ではないかなと私は思ってい
ます。

では、なんで日本でそういう二元的所
得税をよりどころにした議論が行われて

きているのかというと，スウェーデンの二元的所得税の誤解というものの典型例なのです，その背景には，分離課税の根拠を，担税力を生涯タームで見るという支出税論を持ち込んでしまっているというのに誤解を生む原因があったのではないかなと思うのです。これは二元的所得税論，すなわち支出税論なのだと。そういう議論の持ち込み方をすると，どうしてもそういうマインドになって，そういうとらえ方になってしまうのではないかなと私は理解しております。

藤間（青山学院大学） 2点目ですが，債務の話で個人的な研究分野のかかわりでもあるのですが，借入れの取扱いについて，ミード報告では，単純にいってしまえば，借入れ時点で課税ベースに含めて返済時点で控除するか，あるいは，そうではないかの取扱いがあるというような指摘がありました。ただ，債務というものは借入れのみによって生じるものではないかと思います。例えば損害賠償債務などですが，見返りとなる資産等がなく発生しているのかと思います。これらについてはミード報告，つまり登録資産と非登録資産みたいなもののモデルの中では，このような資産を得たりしないで負った債務については，それを弁済しても同じく控除不可能なのかなと。少し技術的な話なのですが，ご教示いただけましたら幸いです。

川勝（京都府立大学） このご質問に対しては簡単な回答ができます。これはち

ょっとわからないということなのです。というのは，今，例に挙げていただいた損害賠償債務については，私がミード報告をつぶさに読んだ限りでは取り上げていないのです。その取扱いがちょっと見られない。おそらくミード報告でも，そのことを想定していなかったということではないかなと思いますので，私がこうですよと言ってしまうのはまずいので，そういうことで，お答えができないということで申しわけないのですが，以上です。

藤間（青山学院大学） 3点目は簡単な質問なのですが，最後のまとめのスライドです。要は支出税構想の目的は貯蓄促進効果というよりも，と述べておられます。この貯蓄促進効果というのは，先ほどの議論ともかかわるところなのですが，よくいわれる貯蓄への二重課税防止みたいな話と同じなのかなという確認の質問です。

川勝（京都府立大学） 貯蓄促進効果と，それから貯蓄への二重課税の防止が同じ趣旨であるかというご質問だと思います。多少裏表みたいな感じなのですが，私はこう理解したらいいのではないかなと思うのです。貯蓄促進効果というのは，むしろ支出税をより積極的に評価するための1つの根拠としていわれているということです。要は背景にはイギリスの経済不況を脱するために経済を再建しなければいけないというのがあります。経済政策効果としての貯蓄促進効果を積極的に

評価しようという立場の表現と理解し，逆に貯蓄への二重課税の防止というのは，むしろ所得税批判。支出税の根拠として，いずれが用いられるという意味では，積極的なのか消極的なのかというところで区別するとクリアに理解できるのかなと思います。

司会　続きまして，立命館大学の安井会員より質問が出ておりますが，先ほどの所得税と消費税の課税ベースの話と少しかぶっています。当時のことということなので，安井会員，よろしくお願いいたします。

安井（立命館大学）　当初のミード報告の背景というところで，当時のイギリスの所得税制が事実上，支出税に近い課税ベースになっているとご説明されていましたが，この点がちょっとよくわからなかったので，もう少し詳しくご説明いただきたいのです。

支出税というのは，これまでのやりとりの中でも，私の理解では，基本的にその人の消費に対して，累進的に蓄積を見て課税していくというのは理想論としての支出税だと理解しておりますが，その要素が当時のイギリスの所得税制のどこにあったのかということがよくわからなかったので，この点をご教示いただければ幸いに存じます。

川勝（京都府立大学）　昨日の報告では冒頭に触れた内容であったかと思うのですが，当時のイギリスの所得税制の税率表というのをお示ししたものをご覧になっていただくと，基本税率というところでかなり幅広い層，とりわけ高いレベルの層まで比例的に課税されているということがおわかりになるかと思います。それがまず1つ。

それから，あまり細かくは触れなかったのですが，当時のイギリス所得税制においては，貯蓄，利子にかなりの優遇措置が既に存在していたということです。あと，昨日は個人所得税に絞ってお話をさせていただいたのですが，実は法人所得税，法人税のほうについても，100%の資本控除を事実上認めるという形になっていたことから，当時の税制が支出税に近いような課税ベースになっていたと理解してもいいのかなと思っております。

司会　続きまして，関西大学の鶴田会員よりご質問が2点出ております。まず，最初の1点目からお願いします。

鶴田（関西大学）　タイトルに「イギリス型支出税」とうたっているのですが，支出税という場合，どちらかというとアンドリュースの論文以来，現代的支出税のほうがむしろ注目をされて，アメリカでの支出税のルネサンスというほうが注目をされていたといってもいいかもしれません。そういう意味では，アメリカの支出税とイギリス型の支出税というのはどういう違いがあると認識されているのか。そのあたり，少し敷衍して説明していただければということで，タイトルには「イギリス型支出税」と書いてありますが，それが説明全体の中では必ずしも

展開されていなかったかなと思いますので，よろしくお願いいたします。

川勝（京都府立大学）　私も当初，この論文を書くときに，現代的支出税論の中で，イギリスとアメリカにどれほどの違いがあるかということをあまり意識していなかったのですが，ミード報告を詳細に見ていくプロセスで両者には決定的に違う点があるのではないかという意味で，これはむしろ分けたほうがいいと思いまして，「イギリス型支出税」とまずネーミングしたということです。その理由はということになるのですが，アメリカのほうは，それほど詳しく調べたわけではないのですが，同じ研究会メンバーの方がアメリカにフォーカスした議論をやってくれていたので，耳学問で両者の違いに決定的なものがあるのではないかと気づいたわけなのです。

まず大きな話としましては，アメリカの税制改革論議というのは，特に論文を書いていた当時はブッシュ政権でしたが，非常に根強い貯蓄非課税の論理があるのだなということがわかりました。その意味では，先ほどの藤間さんからのご質問ではないのですが，アメリカの現代的支出税論というのは，専ら貯蓄促進効果というところに重きを置いているということがわかります。それに対してイギリス・ミード報告に見られる支出論議というのは，貯蓄促進効果というのを全く期待していないわけではないと思うのですが，むしろ公平課税の追求というとこ

ろに重きを置いた税制改革案になっているということです。

具体的には，アメリカの財務省報告，ブループリントの中ではアンドリュースの議論を引いて前納勘定方式，ミード報告でいうところの非登録勘定方式を耐久消費財，こういうものにだけじゃなくて投資収益への適用も可能にしているということ。しかも，納税者がミード報告でいうところの登録勘定，非登録勘定，どちらの方式を採用するかというのを自由に認めている。アメリカのほうはですね。そういうふうになっていることに対してミード報告に見る支出税論議というのは，非登録勘定方式の適用をかなり限定的にしているということと，それから資産課税の強化を組み合わせている。これは明らかに先ほど申し上げたような公平課税の実現をタックスミックスというような形でもって，できる限り実現していこうという意図が読み取れるというところに「イギリス型支出税」とネーミングする意味があるのかなと私は思っております。

鶴田（関西大学）　そうしましたら，2点目は昨日のご報告の最後，まとめのところで触れられていたのですが，1970年代の支出税のルネサンスといわれたような時代から，80年代に入ると一転して所得ベース課税の方向に回避すると結論をされているのは，確かにアメリカの86年の税制改革がその点では非常に大きな影響を及ぼしたのではないかと思います。84年には同様の改革がイギリス

でもやられているということがあります。そういう点から見て，所得ベース課税のほうがむしろ有力になったという方向性が出てくるわけですが，その背景，あるいは，その要因は何だったのかというあたりはどう考えておられるか，もう少し敷衍して説明していただければということです。

川勝（京都府立大学） この論文をまとめるに当たって，その後の動きということについてはあまり詳しく調べてないので，お答えできることは限られているのですが，はっきりとしていることは，ミード報告以後のイギリス経済の状況というのを見てみると，インフレがほぼ沈静化するというステージになりまして，イギリス産業の再建と雇用の拡大を目的とした経済政策の再編というのが80年代になると始まるということです。そうなってくると，そういう政策目的に沿って，税制もより簡素なものへとシフトしていきました。ですので，もうおわかりかと思うのですが，支出税へ移行していくということは税制を複雑化させる，むしろ移行に伴う問題というのがものすごいあるのです。

　昨日はとても説明しきれなかったのですが，論文を見ていただいたら移行に伴うさまざまな問題，あるいは税収がどうなるのかとか，そういうことにも触れておりますので，論文のほうでご確認いただきたいと思います。とにかく80年代に入ると，イギリス税制は簡素化の方向

を強めていくという形になります。特に税制の経済的中立性と簡素化を図るという観点から，法人税のところでそういう動きがかなり顕著に見られるようになっていきます。

　論文の中で触れたことですが，法人税改革ということで当時行われたことを紹介します。まず第1に，支出税体系の移行を実際的でない，または望ましくないと改革案の中で退けました。それから2つ目に，先ほど申し上げましたインフレの沈静化によって，即時償却とか加速償却が差別的かつ過大な投資優遇措置に変質してしまっているということが指摘されています。それから3つ目が，投資決定を租税誘因ではなくて，市場の経済的評価に委ねるべきであると主張されているということから，今申し上げたことがかなり読み取れるのではないかなと思っております。

　もう1つは，80年代に入ると，付加価値税がかなり定着し，しかもイギリスでも比重を増してくる。そうなってくると，消費課税のあり方が直接税ではなくて間接税のほうでという動きを伴ってきているということで，むしろいろんな困難を伴う支出税に移行する必要などないのではないかということがミード報告以後，イギリスの税制改革の中で顕著に表れるようになったということが1つの答えとして申し上げられることかなと思います。

司会 それでは，続きまして依田先生のご報告に対する質問の討論へ移らせてい

93

ただきたいと思います。まず，依田先生への質問として国際会計基準等との関係ということで，白鷗大学の石村先生から質問が出ております。

石村（白鷗大学） 依田先生のお話の中で国際会計基準の問題としてコンバージェンスにちょっと触れているのですが，たぶん，日本の場合は益金，損金の概念でやって，アメリカとか諸外国では個人所得税と法人所得税を課税ベースでとらえて，あとは税務調整のようなことをするという仕組みになっているのですが，そういう仕組みの中で考えていくと，もし我が国がそういう国際的な基準から課税所得，特に法人の課税所得の概念を再構築するというと，先生のご議論の中ではどういう観点でいくのか。それをちょっとご説明いただきたいのです。

依田（東洋大学） 私の考え方というか，そのへんはまとまっていないのですが，まず国際基準，それからコンバージェンスの視点からいうと，その内容を法人税で受け止めて，それに見合った課税所得を再構築する，つくり直すということを前提にした場合と受け止めました。

　そうすると，ちょっと基礎的なところになってしまうかもしれませんが，我が国は約200万社以上の法人があって，金商法対象会社は約5,000ぐらい，残りは一般の会社法の適用対象。金商法対象会社の中でかなりの会社，ほぼイコールが国際基準等を取り入れるということになるのではないか。そうすると，残りの大多数の会社は，簡単にいうと，国際基準にあまり関係ないということになるのではないか。まず，法人税が大会社用に国際基準等を取り込むとしても，それから所得化への再構成をするとしても，その他の大勢の会社にまでそれを押し広げるということはあまり必要がないのではないか。だとすると，極論すると，法人税は大企業適用用の法人税と従前どおりの中小企業用の法人税，まず2つに分けたほうがいいのではないか。分けた上で大企業用の法人税で課税所得が再構成されるということをもし考えた場合に益金，損金の概念が変わっていくのではないか。

　中小がそのまま今の形で残る，それを2系列に分けることがいいかどうかは別にして，大企業の国際基準，コンファレンスの内容を法人税が受け止めて取り込んで課税所得を再構成するといった場合にもともとの益金，損金の概念が，先生のご指摘で，我が国独自の考え方が既に存在しているのではないか。これは私が推測するに，22条2項で益金，3項で損金の定理規定というのか，範囲を定めた規定というのか，いずれにしても，そこで基本的な規定があり，それに対する別段の定めというような法的な構成がとられております。

　その場合に益金，損金，両方検討すべきなのでしょうが，ここではわかりやすく，私が述べやすいという点で損金のほうに着目すると，22条3項2号の一般管理費に関しては，債務確定基準という

ものが括弧書きの中で要求されている。そうすると，国際基準，コンバージェンスされた後の基準の中には，現状でもそうかもしれませんが，債務確定とはいえないようなものも費用，あるいは損失として認められるというものが増えていく可能性があるのかな。そうした場合に，出発点は変わらない，我が国は22条2項，3項で変わらなくて，受け入れるごとに調整の幅が広がるだけで，別段の定めをどんどん突っ込んで，あるいは国際基準の，いかにもここは課税所得の適正という点からは調整が必要だろうというものに関して損金不算入，益金算入といった調整を加え，1個1個，もぐらたたきのように対応していけばいいのだ。ですので，基本は変わりないのだというような方向性というのは論理的には1つ考えられるのではないかと思います。

　もう1つ，大局では，そうはいっても，あまりにも出発点とそれの調整としての内容が懸け離れるのでは，もともとの出発点自体の合理性が問われるのではないか。だとすると，債務確定とか，そういう明確な原則というものを堅持するよりは，それを若干緩めてでももうちょっと拡張し，国際基準を受け入れやすくして，その土俵をつくった上で，さらなる調整として別段の定めを置いたほうがいいのではないか。そういう規定の考え方というものが，大局かどうかはわかりませんが，1つは考えられるのかなと思います。具体的にどのようなものというのはちょ

っと想定できませんが，方向性として，そのようなことがあるのかなと思います。

　現状の企業会計の我が国の会計，コンバージェンスといっても，一番の根っこに今もって企業会計原則が廃棄されないで残っている。それは根っこのところで収益費用アプローチ，損益計算重視という考え方があり，新しい経済事象等について，国際基準等に多く設定されているような資産負債アプローチの新しい資産中心の考え方に基づく基準，それから公正価値等に基づく見積もり計算を取り入れた基準なんかが上乗せになっていて，必ずしも一貫した形になっていないような状態だとすれば，法人税としては独自の考え方をいましばらく堅持した上で別段の定め，調整の中になるべく対応するような考え方，規定を取り込む。ただし，公平，適正な課税という点からすれば，数字の把握の確実性，客観性，それから経済的な裏づけといいますか，そういったものが前提として必要ということは今後変わらないのではないか。だとすると，コンバージェンスとか国際基準，新しい基準を法人税的に取り込む際には，純理論的なものよりはある程度の形式的な基準，理論的な計算を前提にはするのですが，何らかの形式的な標準とか基準というものを税法独自で設けて，それを通じて取り入れるというやり方が考えられるかな。そこは今日ご質問をいただいてから頭の中で考えた程度のことなので，確定的というよりもちょっと考えただけと

いう感じなのですが，方向性とか，考え方とか，そういうことがあり得るのかなという程度です。

石村（白鷗大学） ということは，たぶん，益金，損金という基本的な概念は残した上で何らかの税務調整をしようという感覚のほうが強いのですか。

依田（東洋大学） それに近いと思います。それが可能なのか，どこまで堅持できるか，それはちょっとわかりませんが，基本系としては，そういうことかなと。

司会 同じく会計基準のグローバル化に関連しまして，大東文化大学の高沢先生から依田先生に対するご質問が出ています。

高沢（大東文化大学） 現在，国際会計基準のコンバージェンスが進展していますが，EU とアメリカの挟間のなかで，日本も国際会計基準のコンバージェンスを実現していかなければならないというお考えだと思います。

　また，隣国の韓国では，IFRS と類似している K－IFRS と称される会計制度を導入し，さらに，K－IFRS の導入に合わせて法人税改革を行ったため，経済システムが混乱し，納税者も困惑しています。

　現在，日本においても会計基準のコンバージェンスの実現のために，IFRS を導入している企業が増えていますが，隣国・韓国の経済状況を分析しますと，将来的に，このような方向性で本当に良いのかと考えてしまいます。

　また，国際会計基準のコンバージェン

スを実現しながらも，別段の定めは残しながら調整を図るというご指摘について理解できましたが，現実的に失敗している国もあるわけで，将来的にこのまま進展させても問題ないのか，適切なのか，先生のご意見をご教示いただければと思います。

依田（東洋大学） コンバージェンスというのは何でも全部取り込んでいけばいいのだというような考え方もあるのかもしれませんが，そうなると，先ほど私が申し上げたように，法人税，自国の税の世界は今までどおり。どんどん乖離が大きくなり，それから国内の基準に合わせた財務諸表，要するに決算を2つつくっていかなきゃいけないみたいな，煩瑣，手間がかかる。それが非常に効率を悪くするということもあり得るのかなと思います。

　そうなると，国際基準へのコンバージェンスといっても，なるべくコンバージェンスしなきゃいけないといっておきながら，舌の根も乾かないうちにほどほどにというのはちょっと矛盾のような感じがするのですが，それぞれの国にはそれぞれの内情があり，万国共通にしなきゃいけないというところはしなきゃいけないのかもしれませんが，それ以外のところは，ある程度許容性を持ったところはそれぞれの国柄，国情に応じてというふうに，基準の中にも共通性を強く求められるものと，それほどのものでもなく，ある程度それぞれの独自性が求められるもの。概念としては，そういうふうに大

きく分けられるのではないか。もし分けられるとすれば，共通的なものはなるべく早く確実に共通化すべき，そうでないものはなるべくそのままでおくというようなことが本当はいいのではないか。そうすると，二度手間，三度手間というようなものがより少なくなる。そうはいっても，国際基準に合わせなきゃいけないというところがあるとすれば，そこは二度手間，三度手間で効率が悪いのではないかということかもしれませんが，何でも全面的に乗っかればいいというのは必ずしもそうではないのではないか。そこを適宜，取捨選択して上手にやっていくという，ちょっとずるいのか，よくわかりませんが，理念的に考え方としては，そんな意味合いかなと個人的には思っております。

髙沢（大東文化大学）　先生のご説明をお聞きしていますと，私の考えに近いのですがご確認させてください。

　現状に鑑みた場合，大企業においては，IFRS 導入の流れになっていると思います。

　しかし，日本企業において多数を占めているのは中小企業であり，この中小企業に対しては，中小企業の会計に関する指針と中小企業の会計に関する基本要領が存在しています。

　そして，大企業と中小企業における会計基準の二元化には，いくつかの問題点があると指摘されていますが，現状の会計基準の二元化に対応するために，実務的に適切な判断を行っていくというお考えでしょうか。ご教示を賜りますようお願い申し上げます。

依田（東洋大学）　おっしゃるとおりです。先ほど，税の世界ももし必要があれば，そういうことになってもやむを得ないのではないかと言ったこととの兼ね合いにおいても，会計は完全に 2 系列に分けたほうがよろしいのではないかと，そういう感じは持っております。

司会　続きまして，今度は具体的な会計処理との関係のお話につきまして，税理士の松井先生からご質問が 2 点挙がっています。

松井（税理士）　税務会計学の果たすべき役割に関連して 2 点質問させていただきます。

　1 点目が，大企業の交際費，広告費などの一部も経済学的には利潤なのですが，会計学上，税務計算上で費用，あるいは損金に算入される，いわゆる利潤の費用化部分というのがあるのです。私は税理士だからずっと思っているのですが，このごろ飲食費の 5,000 円基準というのがあるのですが，我が国は交際費の取扱いがだんだん緩くなってきていて，課税ベースが狭くなっているのではないかと。

　これに対してアメリカでは逆じゃないかと私は思うのですが，100％，あるいは 80％よかったのが 50％の損益算入割合になっていくと思うのですが，ちょっと逆になっていくところなのですよね。広告宣伝費についても，反社会的な広告宣伝というのもあり得ると私は思うので

すが，こういうものについて費用，あるいは損金算入してもいいのかなと思っているのですが，税務会計学の世界でこういうものを是正していくという議論はあるのか。そのあたりを教えていただけたらと思うのです。

依田（東洋大学） 税務会計学の中での議論という言い方は，私も全部わかっているわけでもないし本当に不勉強ですが，そういったことはあまり聞かないというのが実情です。では，おまえはどう思うかといわれれば，個人的に申し上げると，確かに費用の中に利益の処分のようなものがあるという現象があるとお聞きしたことがあるのですが，実際には費用ではなくて，費用のレッテルを張った利益の処分だという言い方になる。そうすると，それは費用でも何でもなくて処分だ。ということは，収益を得るための必要経費ではありませんが，収益を得るためにも費用としての機能を果たしていないのかというと何らかの意味で果たしている。しかし，利潤，利益の意味合いが強いと。全く費用のラベルを張っただけというのであれば，それは費用でも何でもない，交際費でも何でもないのではないかと思うのですが，多少，そういう意味合いがあって，ただ利潤の意味合いのほうが多い。

　もともとの交際費課税の立法趣旨というのはよくいわれますが，冗費，濫費の抑制，そういっておりますので，交際に名を借りた関係者の飲み食いだとかというような典型でいわれておりましたが，

そういう意味の支出が利潤の費用化だとすれば，交際費の中にはそういうものがあるだろう。今，先生のご指摘ですと，広告宣伝費のようなものにもなるかもしれないと，そういうことだと思うのです。そういう意味で交際費課税は，措置法で制定されたときは原則として損金不算入。いろいろな変遷がありましたが，現状では，中小会社に関しては800万という定額基準の系列があり，あとは大企業では内容的に飲食の損金算入というのを認められるようになった。そうすると，原則として損金不算入だとすれば，少なくとも交際費勘定には利潤の費用化があったとしても不算入ということで，先生のおっしゃった利潤の費用化の部分も排除しているという点では，立法的にはそれは認められない。飲食費の損金算入が認められたということで，全額不算入から一歩後退したのではないか。そういう受け止め方を先生はされているという理解だと思うのです。

　そういうお考えはもっともだと思うのですが，もともと交際費の中には，飲食以外にも，これは社会的な儀礼とか，いろいろな意味での交際費として収益獲得にかなり確実に貢献しているというものが一定量はあるのではないか。だとすれば，全額損金不算入ではなくて，中身に応じてふさわしいものは認める。ですから，利潤の費用化が含まれているので全体を不算入とするような立法記述がよろしいのかどうか。今回の改正というのは，

飲食費は，これは損金算入するような費用と見てもよかろう。立法者はおそらくそう考えて，交際費の中から飲食部分だけは除いて損金算入を認めた。こういうふうに推測することができるわけですが，それ以外にも，これは認めてもいいのではないかというものもあり得るのではないかと。これは個人的にですが。ということは，利潤の費用化部分よりも，もっと範囲を広げて不算入しているというのがちょっと厳しかったのではないかと。私の個人的な意見は，なんとなくそんな感じがします。

　ですので，飲食費が大企業でも損金算入が認められたという点は，私の立場からすると，損金に認められるべきものが少し認められるようになったという理解を持っています。ただし，そういうものに名を借りて飲食を増やす，それを通じて飲食を利用して利潤の費用化というものが増えてくるのでは好ましくないということかと思います。一方，中小会社は定額で800万という形式基準があるので，逆にこういう言い方はちょっと語弊がありますが，800万までは大丈夫なのだというような感じで，もちろん経営上の観点がありますから，800万まで自由に使えるという意味ではありませんが，それほど金額を気にせずに交際費を使用している実態というのは，まだあるのではないか。むしろ中小会社のほうに利潤の費用化というものがあって，形式基準の800万，その昔は400万ぐらい。それが

ずっと続いて，その中の，あるときは80％損金算入とか90％，そういう変遷がありましたが，中小企業は全額不算入ということはなかったと。むしろ中小企業の中に利潤の費用化はあり得るのではないかという感情すら持っております。

　ですので，利潤の費用化への対応をして，今回の飲食費は一歩後退したのではないかという先生のご指摘でしたが，私の考え方からすると，大企業に関しては，少しは実態にというか，損金算入を認められてもよかろうというような，交際費は損金算入を認める。それに対して，中小法人に関しては形式基準のままなので，ひょっとして比較的利潤の費用化がまだかなり存在しているのではないか。むしろ，こちらのほうは内容に応じて判断する。立法技術をどういうふうにするのかというのは問題がありますが，中身を精査して，むしろ中小企業のほうが利潤の費用化にもうちょっと目を光らせて制限するということが必要なのではないかと。そんな予感といいますか，そんな感じを持っております。それが私の個人的な意見です。

松井（税理士）　それに関してですが，実情みたいな感じでは，前，交際費の枠が大企業はなかったものですから，その分，飲み食いのツケを下請けに回すということはありましたね。それで結局，団体で飲食店に行くとかなり大きい額になるものですから，すぐ400万の枠は超えるということがあったのです。実際聞い

てみると，大企業の人はだいたい食事するときにおごってもらえるというのがあったものですから，今回，そういうものではなくて，少しは安い食事だったり，自分でできるということになったと思うのです。

結局，中小企業について，費用の内容ということは当然精査しないといけないのですが，必要度合いからいうと，大企業のほうは使うということはあまりないかなと。やっぱり自分のお客さんというか，元請けを接待するために中小企業のほうが使うと。そういうことで，資本金1億円以下のところには優遇的な措置があったと私は思っているのです。ただ，今回，大企業にも，そういう使える枠が増えたということで，課税ベースが狭くなったのではないか。アメリカのほうは課税ベースを広げて税率を下げるという流れの一環のように私は思いますが，日本の場合は，そういう哲学はないのかなと感じております。

石村（白鷗大学） そのへんについて，消費税の問題を抜きにして考えられないのですが，アメリカの場合，基本的に連邦税としての消費税がありません。日本の場合だと，たぶん損金算入できても，その分だけ消費税が入ってきますから，経済的な刺激策の観点として，多少法人税を犠牲にしても消費税で取れればいいという選択的な余地で政策的にやっていると思うのです。

司会 それでは松井先生，2点目のご質問をよろしいでしょうか。

松井（税理士） 2点目なのですが，所得概念についてということになると思います。企業会計の観点，経済学もそうだと思うのですが，研究開発費は資産に計上した上で償却すべきだと私は思います。先生は，この点どのようにお考えでしょうか。

研究開発費については，戦前は資産だと計上しなさいと。戦後，企業会計原則では繰延資産に計上しなさいといいつつ，実際の実務では繰延資産に計上してもいいし，申請した年度に計上してもいいということだったと。ところが，先生のレジュメに入っているように，研究開発費も全額費用に計上するのを強制的にしなさいという説明があったと思うのですが，こうなるとどうかなと思うのです。結局，研究開発というのは将来のためを思ってやるものですから，支出した年度は当然効果は及ばないのですよね。ただ，わからないから，結局，効果の及ぶ期間がわからないものを資産に計上するのもいけないということで税額費用を計上することになったと思うのですが，理論的には無形資産に計上して，5年なら5年で償却すべきものだと私は思うのですが，この点，先生の個人的考えとしてはいかがでしょう。

依田（東洋大学） 私の個人的な意見は，ちょっと前提を置きすぎかもしれませんが，研究開発した暁には何らかの特許権とかといったような無体財産権，無形固

定資産が取得できる。もちろん特許権を得るために研究開発をしているかといえば，商品開発とかいろんな目的がありますから，直ちに特許権まで結びつくということではないのかもしれませんが，1つ考え方として，目標が特許権の取得だと考えると，その前提に立つと建設工事の建物，特に自家建設なんかをするような場合と論理構造は極めて近いのではないか。自家建設の場合には，自社のエネルギーや人的なものを投入してどんどん使っていって，完成して建物勘定という資産管理を振り返る。建物は物的なもので，工期とか工法，それから建築費というところがある程度想定できるもとでやっている。

　それに対して，特許権に向けた研究開発という想定でいた場合に建物の建設と明らかに違うかなというのは，いつ特許権が確立できるのか，どのぐらいお金をかければできるのか。かなり確率をもって想定できれば，ぴたりピンポイントで，そういう計画が立てられるのであれば，どんどん特許権ができるわけですが，もしそういうことができるのであれば繰延資産どころではなく，ダイレクトで無形固定資産。ただし，発展途上の権利を形成している限りは5年たとうが，10年たとうが，建設仮勘定でずっとためておくと。それで特許権ができたときに，さらに振り返って，そこから権利の有効期間に応じて償却していくというやり方が一番実態に即すし，他の似たような会計

現象と同様の処理が確保できるのではないか。そんな感じがするのです。

　ただ，今の想定というのは，いつかはわからないし，どれぐらいお金を投入するかわかりませんが，いつかは必ず特許権が生まれるという前提に立てばということでありまして，実際に特許権がどのぐらいの確率で生み出されていくのかわわかりませんが，そう簡単に特許権が取得できるものかどうかというのはちょっとわからない。かなりのものができずに，お金をかけっぱなしで権利が取得されないで終わってしまうというものもあり得ると。だとすると，かなりの確率で世の中に特許権ができるのだ，生み出せるのだということであれば，繰延資産どころか，自家建設のような会計処理が原則になるということも論理的にはあり得るのではないか。ただ，いつなのか，いくらなのか，全くわからないんだとしたら，そういう会計処理を選択するのは無謀，あまり合理性がない。

　過去，資産に計上して，現在でも例外的に繰延資産というのは，少しでも脈があるという場合がある，あるいは，そういう処理のほうがふさわしいというものに限っては認めますが，海のものとも山のものともつかないものに資産を計上しておいて，それでだめだったことが確実になった時点で全額損で落とすかというと，そういう場合に損で落とすときのほうが企業利益に与える影響が大きくて，逆に弊害が出てくるというような考え方

もあり得るかもしれない。だとすれば，毎年毎年かけた分を，要するに将来役立つかどうかがはっきりしないので，支出した年度の収益にきちんと対応しているかどうかわからないが，期間費用的にその年度その年度でけりをつけていくというのが現状の会計基準の背後にある考え方なのかなという，そんな気がしております。

　だとすれば，全くわからないというような状況，本当の基礎的な研究の段階では，これも当年度で処理するしかなかろう。それに対して，ある程度明確な方針なり予想がついて，絶対だめという保証はないですが，融合というような環境条件がそろった場合には資産に計上してもいいと。より確実性が高いといった場合には，むしろ資産に計上しましょうというような処理というのは，私は個人的にはあり得るのかなと思います。ですので，会計基準としての選択可能性というものを認めてもいいのではないかと思います。ただし，その見積もりとか自己評価というのは企業の自己評価ですから，その評価が恣意になられて，当該企業にとって有利な会計処理を選択するということになったのでは本末転倒になるので，そのあたりは十分確実な証拠とともに要件をしっかり設定した上で資産計上でいくのか，費用処理するのかを分ける処理の仕方はあり得るのではないかなというのが個人的な意見です。

松井（税理士）　私もそのように思います。

その点にちょっと関連するのですが，結局，税額控除は法人税のほうから出ていくということなものですから，研究開発費は大企業しかできないのですね。トヨタはそういう意味ではあるし，ホンダとか，そういうものとかも何千億円あるということだったのです。一般の中小企業では，そういう特例は使えないわけです。そういうのが大法人の税負担率を下げている部分。目に見えない部分で下げている部分があると思うのです。それで私はそういう質問をさせていただいたのですが，均等にどこでも利益が及ぶようならいいのですが，実際，零細企業では使えない話ですので，結局，研究開発費を行って，なおかつ一定割合を法人税から交付するということになるとやりすぎじゃないかと私は思うのですが，その点，先生はどう思いますか。

依田（東洋大学）　税額控除は特例措置なので政策からたぶん来ていると思うのですが，政策を度外視すれば，あらゆる法人に適正にというのであれば，かけたお金は損金で，それは収入の中から控除するという程度のところでしようがないというか，税額控除はなくてもいいのかなという，そんな感じは持ちます。何とも言えませんが。

松井（税理士）　私もそのように思います。諸外国の事情はよくわかりませんが，ドイツでは，たぶん研究開発税制はないと思うのですよね。アメリカとか，ほかの国はあるのですが，損金に算入した上で

損金算入部分の一定割合を控除するような制度だとなっていると思うのです。だから，日本も資産に計上すれば，そういう余地がなくなる。私はそう思っているのです。

司会 以上で依田先生のご質問については終わらせていただいて，次に奥谷先生へのご質問に移りたいと思います。

まず最初に関西大学の鶴田先生に，包括的所得概念と市場所得概念との理論的な対比の2点目の質問からお願いしたいと思うのですが，よろしいでしょうか。

鶴田（関西大学） 私は包括的所得概念を，それが最もベストかどうかというのははっきりしませんが，とりあえず，支持しています。租税理論というのは，どうも全体をカバーできるような包括的な理論というのはほとんどない感じで，どれもがある意味でピースミールにつないでいくような，そういう議論になっていますので，包括的所得概念が全てだと思わないのですが，昨日のご報告の限りでは，包括的所得概念よりも市場所得概念のほうが優れているのではないかというように伺ったのです。

なぜそうなのかという点では，包括的所得概念の欠陥として，従来から未実現利得の課税が難しいといったようなことが指摘されてきているわけですが，そういう点から見ると，市場所得概念のほうがむしろその問題を回避できて，実際的方法として，そういう批判を受けなくて済むのではないかといわれたのかなと思

います。私のほうが必ずしも十分理解できていないかもしれませんが，ただ未実現利得の課税という問題については，理論的な点では，日本でも岩田規久男さんが，特に地価騰貴が問題になったときに含み益利子税つき譲渡所得税だとか，八田達夫さんが，アメリカでそういう議論があるのですが，その議論を踏まえて売却時中立課税といった主張もされているわけです。ただし，これについては，その際の利子率というのが時間軸でみて均等にばらまかれているかどうかという問題がありますので，必ずしもこれで全てが解決するというわけではありませんが，売却時中立課税のような方式で未実現利得のいわゆる凍結効果を排除するようなことも可能だという議論もあり得るわけです。そういう点から見ると，果たして市場所得概念のほうが優れているといえるのかどうか。市場所得概念で，市場で決まるものだけが所得概念を構成するといわれると，どうも市場主義的な感じがあって，なんとなくそれでいいのかなと感じてしまうところがあるのですが，そのあたりご説明いただければということです。

奥谷（広島修道大学） 今もそうですが，昨日の報告もだいぶ早口で申し上げ，また限られた時間の中でしたので，十分なご説明をさせていただいてなかった点があったかと思います。基本的に私のスタートラインとしましては，租税法律主義との関係で所得を定義づけておきたいと

いうのが1つあります。

それから，包括的所得概念で，そういった定義が果たして可能かどうかなということの1つの表れとしては，現行所得税法上の，雑所得ですね。あらゆる経済的な利得となるときに，それがどこまでのものを含むのかがわからなくなる。政策的な観点から課税されるものとされないものとが出てきて，納税者にとって，予測ができなくなってくるのであれば，何かしらある程度包括性を持たせた上で少し限定するといいますか，そういったような定義が可能になるのが望ましいのではないかなということを思っているところがあります。

そういう可能性を考えたときに，現在の所得税法がどこまでのものを課税しているのかということなのです。政策的に課税できるものとできないものが峻別されている。本来，所得であるのに政策的な理由から課税されていないものの代表例として，昨日は未実現利益を中心にご報告させていただきました。そのほかのものもおそらくいろいろと出てくるだろうと思います。帰属所得といわれるものも，そういったところになるのではないかなと思うのですが，そういったものを排除して，現在の所得税法に基づいて課税されているものをとらえると比較的包括的なものとなり，かつ一定の納税者の予測が可能な範囲に所得を定義づけることが可能ではないかというのが考え方としてあり，まさに昨日申し上げたルッペ

やラングの議論と共通するところがあります。そういった点で市場所得説が非常に魅力的な存在になっているというのが個人的に考えているところです。

包括的であったほうが非常に公平であるということは，もちろん否定いたしませんので，できれば包括的なものがいいだろうと思います。しかし，納税者にとって予測ができなくなることは好ましくない。そういった点で，いわば包括的所得概念を適切な範囲に限定するという言い方をラングはしておりますが，そういったような形で，本来の所得といいますか，所得税の課税対象としての所得を現行所得税法になじむ形で定義づける，見直すというところでの市場所得という考え方，そういうものがある程度の有効性を持ち，そういった考え方で所得を改めて検討していくことが1つ，所得税法のあり方にとっては重要なのではないかと申し上げたかったということです。お答えになっていれば幸いです。

鶴田（関西大学）　やはり包括的所得概念と市場所得概念との対比では，市場所得概念は，今の説明でいきますと，課税されているものだけを所得概念の中に取り込めると。そのことによって納税者の予測可能性が高まるので，むしろ実際的にも，そちらのほうが安定的な所得概念を提供できるのではないか。そういうご主張だったかなと思いますが，そうだとすると，その概念が広がっていくというか，取り込めるものが広がっていくと，

だんだん包括的所得概念に近づいていくということもあり得るのではないでしょうか。そういう面では，先ほどいわれたのは未実現利得と帰属所得の話なのですが，確かに両方とも難しい，限界領域にあるものでありますので，果たしてどこまで課税対象として取り込んでいけるのかどうかというのが非常に難しいことは事実だと思うのですが，それでいいのかなと。いわば市場所得概念というのは，包括的所得概念を前提とした概念のように聞こえて仕方がないのですが，そのへんは判断の違いになるのかもしれません。

奥谷（広島修道大学） もちろん包括的所得概念，あるいは制限的所得概念，どちらも前提とした形で，制限的所得概念の見方からすれば，所得の範囲，課税対象が広がってきている。あるいは，包括的所得概念のほうからいえば，現実には狭まっている。その部分をどういうふうに説明するかというところの意味合いもありますので，現状を説明する。そして，それに基づいて定義を与える形で納税者の予測の可能性を確保していく。そうなってくると，市場とかいろいろな取引の可能性が広がってくれば，所得の範囲はより包括性を持ってくる形に変わり得るというのは，まさに先生がご指摘いただいたとおりでありますので，先生がおっしゃっていることで私も同様に理解をしております。これで完璧に全てのものができるのではなく，全てのものをあらかじめ取り込んでおくよりは，納税者にと

っては予測ができるもののほうが望ましいのではないかという，そういった価値判断のもとでの市場所得概念に魅力を感じているところです。

司会 続きまして，税理士の松井先生より，包括的所得概念と所得分類の考え方についてご質問があります。

松井（税理士） 必要経費の基因説，大変参考になりました。1点疑問があります。包括的所得税が実行不可能だから，他の選択，例えば市場所得概念にその解決を委ねるというのではなく，現行の制度を分類所得税的なものから，その区分をしないように改める，例えばアメリカ方式にするとかして，そのように包括的なほうに改める。一方で最低生活費免税の基礎控除を大幅に拡大すべきと私は考えていますが，先生は我が国の今の所得区分について改正すべきようにお考えでしょうか。給与所得控除のあり方を含めてご教示くださるとありがたいです。よろしくお願いします。

奥谷（広島修道大学） 所得の区分があったりすることが日本の所得税，ドイツの所得税もそうですが，1つの特徴としては考えられるかと思います。これをなくしていく包括的所得課税の考え方に近づけるというのも1つの方策としてはあり得るのかもしれませんが，包括的所得概念の問題点として，昨日も申し上げましたし，先ほど鶴田先生のご質問にもお答えをさせていただく中で申し上げましたが，どこまでの範囲が含まれるのかの

予測ができなくなる。課税されるものか，されないものかが政策的な理由で判断が異なってくるということになる問題はどうしても残ろうかと思います。そういうところの議論としては，所得の区分をなくしたとしても，包括的所得概念に完全に依拠していいのかどうなのかは少しまた別な議論をしなければいけないのかもしれません。

所得の区分についてということになると，少なくとも市場所得説，市場所得概念に基づいた場合，現行の所得税法の一時所得というのは，所得ではなくなると思われます。それから，雑所得もある程度の限定をすることになろうかと思います。そのあたりのところで，どういう所得の分類がいいのかというのはまた別の観点からいろいろと議論しなければいけないところがあるので，現在のところ，まだそこまで考えが及んではおりません。給与所得控除については，基因原則の考え方でいえば，広くとらえていくことも望ましいと思うのですが，個人の場合にいわゆる家事費，家事関連費，このあたりをどういうふうにとらえるかも，またしっかりと検討させていただきたいと思います。申しわけありません，回答になっていないところもありますが，ご容赦いただければと思います。

司会　続きまして，税理士の鷹巣先生から具体的事例に基づいてご質問が挙がっております。

鷹巣（税理士）　実現ということで，まず第1に収入金額ということで所得を限定していると理解して聞いたのですが，例えば農家の方がダイコンをつくって隣の人のニンジンと交換した場合は，担税力がないにもかかわらず，ニンジンの時価という収入金額が生じてダイコンの原価という必要経費が生じますし，100万円で買ったビットコインで300万円の買い物をしますと，収入金額300万と必要経費100万が生じます。それから，例えば宗教法人に時価1,000万の土地を寄進しますと，収入金額1,000万と取得費50万は生じますから，収入金額というのは現金収入とは限りませんので，収入金額で所得を限定されるということは私はちょっとわからなくて，実現ということで既に限定されて，さらに収入金額で限定されるということは思い浮かばないのですが，どういうようなことなのでしょうか。

奥谷（広島修道大学）　実現というところで申し上げたのは，譲渡所得のところで，有償，無償を問わず，資産が他に移転をしたときに，その譲渡益は実現するという言い方をします。無償で資産を譲渡した場合に譲渡所得は実現します。しかし，無償で渡した段階では収入金額はありません。このことを申し上げたのですが，担税力を伴わないとは申し上げてないところであります。所得が担税力を表すということであれば，収入金額を伴わないものであっても担税力があるととらえるのが少なくとも今の包括的所得概

念，増加益清算説の考え方だろうと思っています。

そうなってきたときに，昨日も少し申し上げましたが，実質的には担税力がないというような議論があったりします。つまり納税資金がないということで，そういったものに課税をしないのか課税をするのかが，現在の所得税法の中でははっきりしない場合が出てくる。これが包括的所得概念の1つの問題として出てくるので，そのあたりを市場での有償取引に限定し，仮に無償の場合，今のみなし譲渡のような形で課税をする必要があるというのであれば，それは所得税法上，明文の規定をもって，きちんと課税をすることで納税者の予測可能性を確保できるようになるだろうという考え方をしているのが市場所得説だと，少なくとも私は理解をしております。

司会　続きまして，税理士の松田先生から雑所得の区分についての関連の質問が出ております。

松田（税理士）　私は税理士で，つい先日，給与所得者が事業を行っていて，それが毎年多額の赤字を出していて，結果として源泉徴収されている税額が還付になるというクライアントの税務調査がありました。今の議論の中でもヒントになる話を聞けたのですが，そのときに私は，つたない文章なのですが，包括所得概念云々という観点から代用して，結果的にそれはよかったのですが，今，サラリーマンの節税サイトとか，それが悪質とも

言いきれないとは思うのですが，そういうようなのが結構出ていて，税務調査官のほうも，そういう1つだろうということで調査に入ったという形があったのです。

現行の場合だと，雑所得のマイナスというのは損益通算できないということになっているのですが，そのへん，今出されている包括所得概念といいますか，そういう面から見て，これはどのように考えたらいいのかということを教えていただければと思います。

奥谷（広島修道大学）　確認なのですが，包括的所得概念に基づいて考えればよろしいのですか。市場所得概念に基づいてお答えすればよろしいでしょうか。

松田（税理士）　含めてお答えいただけると非常に勉強になります。

奥谷（広島修道大学）　では，包括的所得概念で考えた場合，本来的には損益通算は，まさに先ほどのご質問にもあった，所得の区分がなくても包括的所得概念はいいはずなので，そういった点からいうと，損益通算の対象になり得るものだろうと思われます。ただ，それが現在なっていないということになると，そこにもある種の包括的所得概念の問題点が指摘できる可能性はあり得ると思います。

市場所得概念に基づいて考えるということになると，雑所得の考え方が現状とかなり変わってくるだろうと思うわけです。ドイツの場合ですと，その他の所得は継続的に得られる所得となっています

ので，そういうところでの限定があります。日本の場合は，それがどう変わってくるかというところは考えなければなりません。損益通算ということになってきた場合，基本的には，そこは認めていくほうが本来の担税力，応能負担という観点では望ましいのではないかということは，ご質問いただいてすぐのところですのではっきりと調べたわけではありませんが，現在の印象としては持っているところです。

司会 続きまして，日本大学の黒川先生から市場所得概念，法人税法の 22 条の無償取引に係る収入に関する規定についてのご質問があります。

黒川（日本大学） 先生にご紹介いただきました市場所得概念，現行所得税法を理解する上で大変有意義であるように感じられました。これが法人所得についても有効なのではないかというように感じられたのですが，もしそうであるならば，いつも問題になる規定ですが，法人税法22 条の無償取引に係る収入という規定ですね。これは，その立場からはどのように位置づけられ，解されることになるのか，お教えいただけると幸いです。

奥谷（広島修道大学） 市場所得概念は，まさに法人税にもそのまま当てはまっていますが，法人の場合は基本的に市場取引を行う存在ですから，法人の所得を理解するほうがより適切という理解も可能かと思います。そういった意味では，市場所得概念をそのまま法人の所得概念に

持ち込むことは適切であるという評価がなされているところもありますし，先ほどの議論でもありましたような収益，益金というベースの定めが入ってくるという日本の特殊性からいうと，その点はもう少し慎重に検討しなければいけない部分もあるだろうとは思いますが，基本的な理解としては，市場所得概念は法人税に妥当するものということを前提として申し上げます。

それからもう 1 つは，現在の 22 条 2 項の無償取引の収益に対する一般的な，いわゆる通説と評価されているかと思いますが，適正所得算出説を前提としての回答ということにさせていただきたいのですが，そうなっていきますと，租税回避の否認的な意味合いが出てきますので，市場ではなく，これは別に租税回避の否認的な意味合いで明記すべきものではないかと考えるところがあります。ですので，本来，無償取引で収益といいますか，市場における有償の給付は得られませんので，所得ではなくなる。それに対して課税をすべきだというのであれば，法人税法上，別に定めないといけなくなるというのが市場所得説からの今のところの理解から導ける結論ではないかなと思います。

黒川（日本大学） そうすると，法人税法にある別段の定めに対応して，それに当たる部分で認識される益金を規定した規定と理解してよろしいですか。

奥谷（広島修道大学） そういった規定

を設けていくほうが適切になっていくのではないかと今のところは思っております。

司会 続きまして，必要経費控除の観点から関西大学の鶴田先生よりご質問が出ております。

鶴田（関西大学） 必要経費控除の点で所得概念とあわせて経費レベルの問題を解決できるということで，昨日のご報告はその点で興味深かったのですが，昨日のレジュメの4ページのところに税制調査会の昭和38年12月の答申がありまして，その中で下のほうに，「事業上の経費と家事費とを峻別する後者の考え方も当然無視することができないが，事業経費または事業損失の計算については，できる限り前者の考え方を取り入れる方向で整備を図ることが望ましい」ということで，要するに家事費を峻別しなさいということが税調の方向として出されているわけです。これに対して，先生はドイツの所得税における必要経費と事業支出の関係について触れられた上で，ドイツの所得税では経費の範囲をもっと広くとっているのではないかと主張されたのではないかと思っているのですが，そういうふうに理解していいのかどうかということと，その際に家事費というのをいったいどこまで認められると理解されているのか。

それから，6ページでも最高裁の平成9年10月の判決の内容が目的的な概念によるもので，それでは必要経費の範囲が狭くなるので，基因原則に基づいて広くとるべきだと主張されたのではないかと思うのです。目的的な概念というのと基因原則というのは，それぞれ包括的所得概念と，それから市場所得概念に対応すると考えておられるのか。そのあたり，所得概念とのかかわりも含めて説明を敷衍していただければということであります。

奥谷（広島修道大学） まずドイツの事業支出と，ややこしくなってしまいますが，必要経費の2つの概念ですが，事業支出は，これはいわゆる包括的所得概念に対応し基因原則を採用しているものです。それに対して必要経費は，制限的所得概念に対応し目的的なものとして規定されています。それに基づいて，事業支出は事業活動に関連する，基因するものを広く経費として控除を認めようという考え方，必要経費は収入を得るためにというような結びつきをより一層求め，狭く考える立場という違いがあります。

そのような形で判例も形成されてきていたのですが，純所得を算定する過程で，同じようなものであるにもかかわらず，所得の区分が違うと控除されるものとされないものが出てくることは不平等であるという考え方が出てまいりました。そこで平等原則の考え方から，これを統一すべきということになり，事業支出の基因原則の考え方を必要経費に当てはめて考えるという考え方が，市場所得説が台頭する以前からドイツの判例上ありまし

109

た。市場所得説は当時の所得税法の現状を説明するような部分もありますので，明確にこの２つの利得性所得と余剰性所得，両者に共通するものとして解されるようになっている基因原則を採用するということになります。そこで，基因原則を市場所得説は明確に採用している。包括的所得概念であっても基因原則を採用しなければならないはずが，日本の所得税法は，少なくとも裁判例で現れてきているものは，間接経費についても直接的な結びつき，収入を得るためのというような形の言い方をしているところで，目的的に，つまり制限的所得概念に基づいて必要経費をとらえているところに問題があるので，必要経費は現行法においても基因原則に基づいて広く間接経費をとらえなければいけないだろうということを申し上げたかったわけです。

　そうなってきたときに，家事費はそれほど問題にならないと思うのです。明確に個人的な所得の処分ですから。家事関連費をどういうふうにとらえるかというところで，今はどちらかといえば，直接結びつかないものは全て家事費か家事関連費として控除を認めないという形になっているものを，むしろ基因性がある，関連性があるものは，なるべく区分をして，家事関連費も経費控除を認めていく方向で理解するという考え方になっていくのではないかと，いくつかの裁判例を見たところでは理解しているところであります。

司会　続きまして，所得概念と生存権保障の観点で松井先生と黒川先生からご質問が出ておりますが，まず黒川先生のほうでお答えいただくということでよろしいですか。

黒川（日本大学）　お話の途中で，課税権に優先する生存権保障という領域があると。基礎理論の中でそういうお話が出てきたと思いますが，この領域では，市場の介在というような前提の制限は受けないと私は理解しました。つまり生存権を保障するために必要な事項というのは，しかるべく認識，評価，保護される，市場性の有無と関係なく保護されるべきものだと理解しましたが，それでよろしいかどうかお教えください。

奥谷（広島修道大学）　端的にそのとおりです，というのが回答になります。

司会　以上でご質問用紙としていただいている質問を終えることになりましたが，奥谷先生に対する質問で，それでは，松井先生の追加のご質問を。

松井（税理士）　今の質問で当を得ていると思うのですが，先生のご発言で，必要経費より最低生活費免税が優先するというご発言があったように思うのです。心情的にはわからないわけではないのですが，課税所得算定の順序に照らしてちょっと疑問があるということで，この点，ドイツの考え方だそうですが，先生はどういうお考えでしょうか。

奥谷（広島修道大学）　理想的にはまずマイナスからスタートするほうがいいだ

ろうとは思うのですが，計算過程とか申告書の観点からいえば，所得控除が望ましいというのが考え方になります。ドイツの場合，現状はゼロ％の税率をかけるところに基礎控除が入っております。これに対して，所得控除なのか，税額控除なのかという議論はどうしても出てまいります。税額控除，あるいは給付つき税額控除とすると，確かに低所得者にとっては大きくなりますし，それから，きちんと最低生活費を保障できるという部分はあるように思えますが，担税力がないといっている部分ですので，それに対して税率をかけることは好ましくないという議論もあります。ゼロ％であっても，税率をかけるということは課税をすることになります。担税力がないものに対する課税を認めるということは，これは応能負担原則の観点からどうなのかという問題提起があります。そういうところで最低生活費は非課税であり，かつ，まず優先して控除されなければいけないという言い方をしているのがおそらくキルヒホフのものだろうと理解をしておりますので，そういう点からいえば，現在の課税所得算定の中では所得控除のほうが望ましいという制度的なたてつけは理解しております。

　先ほどの質問との関連で申し上げるならば，基礎控除はもっと引き上げなければいけなくなる。ドイツの場合は連邦憲法裁判所で社会保障給付を下回る基礎控除違憲という判決が出て，これが引き上げられ，少なくとも社会保障給付と同じ水準でないといけないというものにはなりました。その後，引き上げられ，社会保障給付を上回っています。その上回るような基礎控除を正当化するとすれば，生きているだけ，最低限の生活をしているだけでは所得の獲得ができないという考え方を提示しているのがおそらくキルヒホフの理論ではないかと思うのです。最低限の生活をし，かつ収入を得るために何らかの投資なりをしていかないといけないのです。その部分でも基礎控除は最低限の生活を超える金額でないといけないという考え方が導かれ得るだろうと思います。そうなってきたときには，現在の38万円，48万円という話も出てきていますが，それでもまだまだ不十分であるというのが考えられるだろうと思っております。

司会　皆様方のご協力をもちまして，ちょうど時間どおり円滑に質疑を進行することができました。

　それでは，川勝先生，依田先生，奥谷先生に最後拍手をもって討論を終わりたいと思います。どうもありがとうございました。(拍手)

Ⅱ　一般報告

2017 年 12 月 9 日　第 29 回大会（於　椙山女学園大学）

消費税増税をめぐる議論と課題

齊　藤　由里恵
（椙山女学園大学現代マネジメント学部）

I　はじめに

　日本の財政は，社会保障費の増加や，財源不足に対応するための財政赤字という問題が長年にわたって続いている。財政の課題としては，財政健全化とともに，社会・経済環境に対応するための税制改正があげられる。

　図表1は，国民所得に占める消費課税の割合を示したものである。日本の間接税は諸外国の間接税と比較して負担は小さい。さらには，日本の間接税には，消費税以外の個別間接税も併存しており，2013年度における国民所得に占める消費課税の割合は，消費税（地方消費税を含む）が3.8％であるのに対し，個別間接税は3.4％と消費税と同程度の大きさをもつ。このような背景においても，消費税増税の議論では，とりわけ逆進性が問題とされ，2019年10月の消費税率10％への増税時には，低所得者層への負担軽減から，軽減税率の導入が予定されている。

　軽減税率の導入に関する先行研究には，批判的な意見，賛同的な意見ともに存在する。批判的な意見としての代表的なものとしては，齊藤・上村（2011），佐藤（2015）では，全員に適用されることで，高所得者に恩恵も受けることから，逆進性の緩和効果が少ないことや，対象品目とそれ以外の線引きが難しいことがあげられている。さらに，佐藤（2015）では，消費者は標準税率が課税される商品より，軽減税率対象の割安な商品を購入する誘因を持つことで，税の中立性を阻害することを指摘している。賛同的な意見としては，諸富（2015）において，「絶対額」で見ると，消費額が大きい高所得者に，より大きな軽減額

115

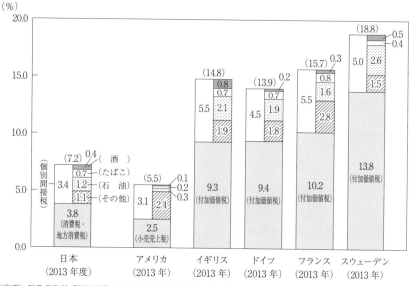

図表1　国民所得に占める消費課税の割合

（出所）財務省資料「国民所得に占める消費課税（国税・地方税）の割合」より引用。

をもたらすが，相対的な「軽減率」で見ると，低所得者により大きな改善効果を発揮することを指摘している。

そこで，本稿では消費税の負担に着目し，消費税率5％（消費税4％＋地方消費税1％）時点から消費税率8％（消費税6.3％＋地方消費税1.7％）へ増税した時点の推移を含め，所得階級別に消費税の負担を計測し，所得階級別の消費税負担の状況を評価する。さらに，軽減税率の政策課題についても検討する。

本稿の構成は次のとおりである。Ⅱでは消費税導入と増税の経緯についてまとめる。Ⅲでは，消費税制度の概要と消費税の使途について述べる。Ⅳにおいて所得階級別の消費税負担を推計と，所得階級別の負担の状況を評価する。Ⅴでは，食料品への軽減税率もしくはゼロ税率といった複数税率の政策課題について検討し，最後のⅥはまとめとする。

Ⅱ　消費税の導入と増税の経緯

戦後，日本の税制はシャウプ勧告に基づき，所得税，法人税，相続税などの

直接税を中心としてきたが，社会や経済情勢の変化により，水平的公平の重視，税収の安定化など，間接税への注目が高まることとなった。

　1974年に戦後初めて経済成長率がマイナスとなり，財政法で禁じられている赤字国債を発行したことを契機に，税制改革に乗り出した。1977年の政府税制調査会「今後の税制の在り方についての答申」にて，「所得税及び個人住民税の負担増加を求めることに限界があるとすれば，今後一般的な税負担の増加を求める方策としては，最終的には，広く一般に消費支出に負担を求める新税を導入することを考えざるを得ないと判断される。（中略）一般消費税の導入について，今後さらに具体的な検討を積極的に進めることが必要であり，税府としてもその導入について国民に十分な理解を求めるための格段の努力を払うべき段階に至っていると考える。」と，一般消費税の検討が始まった。1979年，財政再建のための一般消費税の導入を閣議決定したが，同年10月，衆議院議員選挙で与党が大幅に議席を減らしたことにより一般消費税は実現には至らなかった。

　その後，1986年12月に政府税制調査会「昭和62年度の税制改正に関する答申」にて，「新しいタイプの間接税として具体的にどのような類型を採用することが適当かについては，幅広い観点から検討した結果，抜本答申で取り上げられた三類型のうち産業経済に中立的で制度として最も優れている日本型付加価値税を基礎とし，我が国の取引慣行等になじむよう工夫した簡素な前段階税額控除方式（税額票による）を採用した売上税を導入し，昭和63年1月1日から実施することが適当であると考える。」としたが，1987年5月税制改革法案は廃案とされた。

　その後，1988年の政府税制調査会「税制改革についての中間答申」において，「これからの税制を考えるに当っては，消費を基準として広く薄く負担を求める間接税の役割について，より積極的に評価することが必要である」とし，非納税者を少なくし，税負担を広い範囲に分散することができる間接税のウエイトを高めることで税制の公正性の確保し，急速に進む日本の高齢化社会へ対応するため，1988年12月30日に消費税法が施行，1989年4月1日に消費税（税率3％）が導入された。1997年には消費税率を5％（消費税4％＋地方消費税[1]

1 %）に引き上げられた。1999 年度以降は，国の消費税の収入を基礎年金，老齢医療及び介護福祉予算に充てることを予算総則に明記されており，消費税の福祉目的化を意味している。[2] また，2007 年政府税制調査会「抜本的な税制改革に向けた基本的考え方」では，消費税が税制における社会保障財源の中核を担うにふさわしいという考え方を示した。「所得に対して逆進的であるとの指摘がある。こうした指摘は十分念頭に置く必要があるが，あるべき再分配政策を考える上では，一税目の負担のみに着目するだけでは不十分であり，他税目や社会保険料を含む負担全体，更には社会保障給付等の受益全体をも考慮に入れなければならない。」としている。さらに，逆進性対策である軽減税率には，「いわゆる軽減税率は，ヨーロッパ諸国では食料品等に対して導入されているが，我が国の税率水準がヨーロッパ諸国と比べて低いことや高額所得者にもメリットが及ぶことを踏まえれば，再分配政策としての効果は乏しい。消費税増税の延期が決定される背景には，景気への影響，そして，消費税における，低所得者層ほど所得に占める税負担が大きくなるという逆進性の問題がある。」となりながらも，消費税増税にはなかなか至らない経緯がある。

　ようやく 2012 年，野田政権において，2014 年に消費税率を 8 ％に，2015 年に 10％に引き上げることが決定された。2014 年安倍政権では，消費税率が 8 ％（消費税 6.3% ＋地方消費税 1.7%）に引き上げられたが，2015 年に 10％への引き上げは 2017 年 4 月に 1 年半の延期，さらには，2016 年 6 月，2017 年 4 月の税率引き上げを 2019 年 10 月へと 2 年半の延期が決定された。2019 年 10 月に予定されている消費税率 10％への増税は，逆進性に配慮するため，食料品への軽減税率が導入予定である。[3] これまで，財政健全化とともに，社会・経済環境に対応するための税制改正である消費税は，導入に至るまで，そして増税の際にも議論は長年されてきている。

Ⅲ　消費税制度の概要と消費税の使途

1　消費税制度の概要

　本節では 2017 年度の消費税制度の概要について説明する。本稿の目的は家計の消費税負担のため，家計が負担すると考えられる消費税制度の概要の記述

に限定する。

消費税の課税対象は，国内において事業者が事業として対価を得て行う資産の譲渡，貸付け及び役務の提供と外国貨物の引取りとなり，取引が生じた際に課税がされる。生産及び流通過程で，それぞれ段階において事業者が納付を行う。商品などの販売される度，その販売価格に納付税額が上乗せされるが，最終的に税を負担するのは消費者である。

納付税額は，課税期間ごとに課税売上高に対して，消費税率6.3%と地方消費税1.7%を合わせた税率8％を乗じた金額から，仕入れに含まれる税額を控除して得られる。仕入れ税額控除を行うためには，請求書等保存方式が採用されており，仕入れの事実を記載した帳簿の保存に加え，取引の相手方が発行した請求書，領収書，納品書等の書類のいずれかの保存が必要となる。

中小企業に対する事務負担軽減のための特例措置として，事業者免税点制度と簡易課税制度[4]が設けられている。事業者免税点制度は，課税期間の課税売上高が1,000万円以下の事業者は原則としてその課税期間の納税義務が免除される。簡易課税制度は，基準期間の課税売上高が5,000万円以下の事業者は，実際の仕入れに含まれる税額を計算することなく，売上げに対する税額に一定のみなし仕入率[5]を乗じた金額を仕入税額とすることがきる。また，消費税はすべての財・サービスに課税されているわけではない。消費税の性格から非課税とされる取引と社会政策的な配慮から非課税とされる取引が非課税取引として指定されている[6]。

2 消費税の使途

消費税の使途は，消費税法第1条第2項により，「消費税の収入については，地方交付税法に定めるところによるほか，毎年度，制度として確立された年金，医療及び介護の社会保障給付並びに少子化に対処するための施策に要する経費（社会保障4経費）に充てる」ことが明記されている。また，地方税法第72条の116により，「1　道府県は，前条第二項に規定する合計額から同項の規定により当該道府県内の市町村に交付した額を控除した額に相当する額を，消費税法第一条第二項に規定する経費その他社会保障施策（社会福祉，社会保険及び保健

図表2　消費税の使途（平成29年度予算）

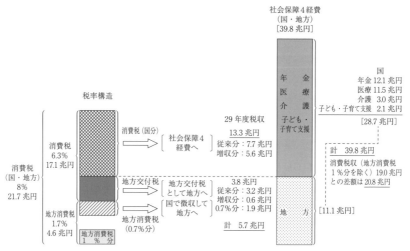

（出所）財務省資料「消費税の使途に関する資料」より引用

衛生に関する施策をいう。次項において同じ。）に要する経費に充てるものとする。2　市町村は，前条第二項の規定により道府県から交付を受けた額に相当する額を，消費税法第一条第二項に規定する経費その他社会保障施策に要する経費に充てるものとする」と明確化されている。1999年度以降，消費税，地方消費税ともに，福祉目的化され，社会保障の安定財源確保のために使われるようになっている。

　図表2は2017年度予算における消費税の使途である。2017年度予算では消費税（国分）で13.3兆円が社会保障4経費に充てられている。しかし，社会保障4経費の合計28.7兆円には足りず，社会保障4経費と消費税収額の差額は「スキマ」と呼ばれ，そのスキマは15.4兆円分となっている。差額は年々拡大している状況である。

　2019年10月の消費税額10％への増税後，消費税収7.8％のうち地方交付税分の1.52％を除いた，国分といわれる6.28％が社会保障4経費に充てられる予定である。増税後においても，現在の社会保障4経費ベースで考えたとしても，消費税収額と社会保障4経費のスキマは埋まらず，足りない状況は続くと

見られる。

IV　消費税の負担配分

本節では，所得階級別の消費税負担の推計を行う。推計には，総務省統計局『家計調査』，『全国消費実態調査』，『国勢調査』，国税庁『国税庁統計年報書』のデータを利用する。家計消費データは，家計調査の 2001 年，2006 年，2011 年の 5 年刻みのデータ，2011 年から 2016 年を使用し，住居，保健医療，教育などの非課税消費は考慮している。「家計調査」データは暦年データであるため，年度への調整を行っている。世帯数は，国勢調査を利用しているが，5 年おきの調査であるため，データのない 4 年間は線形補完により推計している。ここでは，消費税，地方消費税を合わせたものを消費税と呼んでいる。

所得階級別の消費税負担の推計は，上村（2006），齊藤・上村（2011）といった既存研究と同様の方法をとっている。所得階級別の消費税負担を推計するために，①所得階級別のマクロの家計消費の推計，②所得階級別マクロの税収の 10 大消費費目への振り分け，③所得階級別の消費費目別の消費税負担率の推計を行っている。

①所得階級別のマクロの家計消費の推計では，所得階級 i の消費費目 j に対するマクロの家計消費 C_{ij} を推計する。所得階級を添え字 i，消費費目を添え字 j とする。総務省統計局『家計調査』「1 世帯当たり年間の品目別支出金額（全世帯）」より，十分位別の 10 大消費費目別の「消費支出」「年間収入」を得る。非課税消費支出である「家賃地代」（住居），「保健医療サービス」（保健医療），「授業料等」（教育）は「消費支出」から除くことで考慮している。

所得階級 i の「消費支出」
　＝「食料」＋「住居」＋「光熱・水道」＋「家具・家事用品」＋「被服及び履物」
　＋「保健医療」＋「交通・通信」＋「教育」＋「教養娯楽」
　＋「その他の消費支出」

以上で得られた消費費目の所得階級別の家計消費データに各所得階級の世

帯数総数[7]を乗じて，消費費目別の所得階級別のマクロの家計消費を推計した。

次に，②所得階級別のマクロの税収の10大消費費目への振り分けを行った。ここでは，所得階級別，消費費目別マクロの税収のデータを推計する。所得階級ごとに，各消費費目が家計消費データを全体の各消費費目にどれだけ占めるか，その消費シェアからそれぞれの消費費目の税収[8]を割り出した。国税は，国税庁『国税庁統計年報書』「租税及び印紙収入決算額」より，一般会計及び特別会計の税収データを，地方税は，総務省編『地方財政白書』より道府県民税及び市町村民税の税収データを利用する。

最後に，③所得階級別の消費費目別の消費税負担額は，所得階級別の消費費目別の『家計調査』の消費データに所得階級別の消費費目別の消費税実効税率を乗じて得られる。それを所得階級別の『家計調査』の年間収入で除算すれば，所得階級別の消費費目別の消費税負担率が得られる。

図表3は所得階級別の消費税負担率である。推計期間である，2001年度，2006年度，2011年度から2013年度においては，年度による差は特に見られな

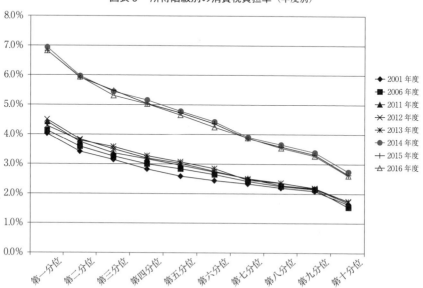

図表3　所得階級別の消費税負担率（年度別）

い。2014年度から2017年度は消費税率を8％に改定したことから，2013年度までと比較すると，それぞれの所得階級において負担率は高くなっている。全体的な傾向で見ると，低所得階級は消費税の負担が相対的に高い。低所得階級である第一分位は，高所得階級である第十分位の消費税負担率と比べ，2倍程度の大きさがあることから，逆進性が認められる。また，2014年度以降の，税制改正後のほうが第一分位から第十分位にかけての傾きがやや急になっていることから，逆進性の比重が高まっていると言える。税率に変更がない場合，年度間での大きな差は見られないともわかった。

図表4は2016年度における所得階級別・消費費目別の消費税負担率である。「食料」はどの所得階級においても消費税負担率は大きく，他の消費費目と比較すると，逆進性が高い消費費目である。このことからも，食料に対する軽減税率の導入が予定されていることも理解できるところかもしれない。

しかしながら，「その他の消費支出」，「交通・通信」も消費税負担率は大きく，逆進性の存在も見てとれる。さらには，消費税負担率を「食料」と「食料以外」

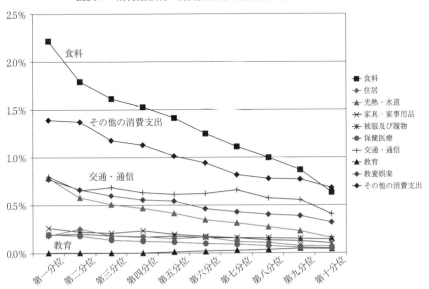

図表4　所得階級別・消費費目別の消費税負担率（2016年度）

でわけると,「食料以外」のほうが負担率は高いことも忘れてならない。

そこで,消費税率引き上げが消費税負担率に与える影響,食料に対する軽減税率の導入がどれほどの再分配効果をもつのか,次節で検討したい。

V 軽減税率の政策課題についての検討

前節では,所得階級別の消費税負担率の推計を行った。消費税については,2019年10月から消費税率10%へ増税,それとともに,軽減税率の適用も開始される。そこで,消費税率引き上げが,家計の消費税負担に与える影響を考察する。

2016年度の所得階級別間接税負担率を基準とし,ケースAからケースEの5つの政策パターンを想定し推計を行った。ケースAは消費税8%（現行）,ケースBや消費税10%（「食料（外食・酒類除く）」除く）+「食料」消費税（現行）,ケースCは消費税10%（「食料」除く）+「食料」消費税（現行）,ケースDは消費税10%,ケースEは消費税10%（「食料」除く）+「食料」消費税ゼロ税率である。

図表5は,ケースAからケースEの5つの政策パターンによる,所得階級別

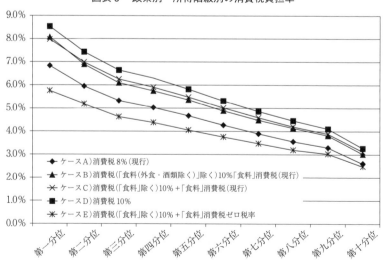

図表5 政策別・所得階級別の消費税負担率

の間接税負担率を示している。ケースAが現行である。当然ながら，増税が大きいほど逆進性の程度は深刻となる。逆進性緩和のために，食料への軽減税率を適用した政策パターンは，2019年改正と同様であるケースB，食料を現行の8％に据え置くケースC，食料にゼロ税率を適用するケースEである。ケースEでは，食料をゼロ税率にすることから，現行のケースAより逆進性は緩和される。しかし，ケースBやケースCでは，逆進性はそれほど緩和されていない。食料品から外食や酒類を除いたケースBと，食料全体に対して軽減税率を適用するケースCの差はほとんど見られない。

図表6は，ケースAからケースEの政策パターンを，再分配係数を用いて評価している。再分配係数は，年間収入から消費税負担額を除いたものから年間収入を引き，それを平均収入で除算することで求めている。消費税の再分配係数のため，マイナスとなる。

全体的に見れば，第一分位から第十分位にかけて上昇することから，低所得者階級ほど逆進性の高い再分配，つまりマイナスの影響を受けていることになる。また，現行のケースAと比べ，食料をゼロ税率にするケースE以外の他の

図表6　所得階級別の再分配係数

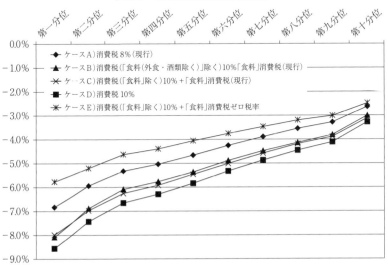

すべてのケースにおいて，再分配係数はよりマイナスに向かっている。食料に対しては現行の税率を維持するといった，軽減税率を導入しても，現行ケースの再分配係数を改善することはできない。消費税の引き上げは，逆進性を軽減する政策を採用したとしても，どの所得階級にもマイナスの再分配にとどまってしまうことが指摘できる。

　さらに，消費税制全体の評価を行うため，各ケースにおけるジニ係数の改善度を計算した。ジニ係数の改善度は，年間収入のジニ係数から，年間収入から間接税負担率を除いたもののジニ係数を引き，年間収入から間接税負担率を除いたもののジニ係数で除算し求めている。ここでも，ジニ係数の改善度はマイナスの値をとっている。これは，消費税が逆進性を持つためである。ケースA消費税8％（現行）は－1.62%，ケースB消費税10%（「食料（外食・酒類除く）」除く）＋「食料」消費税（現行）は－1.88%，ケースC消費税10%（「食料」除く）＋「食料」消費税（現行）は－1.89%，ケースD消費税10%は－2.04%，ケースE消費税10%（「食料」除く）＋「食料」消費税ゼロ税率は－1.28の改善度であった。

　もっとも逆進的なのは，ケースDの消費税率をすべてに対して10%に引き上げる政策パターンである。しかし，逆進性を緩和するための，ケースB，ケースCにおいても，ジニ係数の改善度は大幅に変えるには至らない。また，ケースBとケースCにおけるジニ係数の改善度は，ほぼ変わらない。軽減税率やゼロ税率は低所得者だけでなく，高所得者も含めたすべての人に，恩恵を与えるからである。さらには，高い税率の下で，大幅な軽減をすると影響はあるが，低い税率の下では，それほど効果はない。例えば，ケースEでは，税率は10%と高くはないが，食料をゼロ税率にしたことで，軽減幅が大きいことから，効果が見られるのはそのためである。

Ⅵ　むすびとして

　本稿では財政再建と社会保障の安定財源確保のため，消費税増税が予定されていることを前に，消費税導入，増税に関するこれまでの流れと，消費税の使途についてまとめた。さらには，消費税10%への増税を控え，消費税が家計に与える影響，すなわち消費税の負担率の計測と，軽減税率の効果について推計

した。

2001 年度，2006 年度，2011 年度から 2016 年度における 8 年のデータを基に，所得階級別の消費税の負担率を計測したところ，どの年においても逆進性は認められた。さらには，税率が高くなれば，逆進性は高まることが，2014 年度の税制改正を受けて明らかとなった。消費費目別に見れば，「食料」に対する消費税負担率が高く，逆進性が認められた。消費税増税の推計では，増税が大きいほど逆進性は高まり，逆進性緩和の政策を採用しても，消費税率の引き上げはどの所得階級にもマイナスの影響を及ぼすことを，再分配係数やジニ係数の改善度から見られた。日本のように，現状が高くない税率のもとで，逆進性緩和の政策を行うことは，効果が薄いことが示された。

2019 年の増税後も，消費税収と社会保障 4 経費にはスキマがある。そのため，今後も消費税の増税については，議論が尽きないであろう。それに伴い，逆進性緩和のための政策についても，より効果的な方法を検討していかなければならない。その点は次の課題としたい。

参考文献

・明村聖加・小嶋大造（2017）「家計の食料品消費支出と軽減税率の効果と限界」，京都大学経済研究所 Discussion Paper No.1701。
・岩本康志・尾崎哲・前川裕貴（1995）「『家計調査』と『国民経済計算』における家計貯蓄率　動向の乖離について（1）：概念の相違と標本の偏りの問題の検討」『フィナンシャル・レビュー』35 号，pp. 51-82，大蔵省財政金融研究所。
・岩本康志・尾崎哲・前川裕貴（1996）「『家計調査』と『国民経済計算』における家計貯蓄率　動向の乖離について（2）：ミクロデータとマクロデータの整合性」『フィナンシャル・レビュー』37 号，pp. 82-112，大蔵省財政金融研究所。
・上村敏之（2006）「家計の間接税負担と消費税の今後：物品税時代から消費税時代の実効税率の推移」『会計検査研究』第 33 号，pp. 11-29，会計検査院。
・佐藤主光（2015）「消費税 軽減税率の視点㊤」（2015 年 11 月 4 日「日本経済新聞」朝刊 15 面）。
・齊藤由里恵・上村敏之（2011）「間接税の所得階級別負担」『会計検査研究』第 44 号，pp. 27-40。
・橘木俊詔（2017）『家計の経済学』岩波書店。
・橋本恭之（2010）「消費税の逆進性とその緩和策」『会計検査研究』第 41 号，pp. 35-53。
・林宏昭・橋本恭之（1993）「消費項目別の間接税実効税率の推計：1953 年から 1990 年までの推移」『四日市大学論集』第 5 巻第 2 号，pp. 1-10。

・村澤知宏・湯田道生・岩本康志（2005）「消費税の軽減税率適用による効率と公平のトレード　オフ」『経済分析』第 176 号，pp. 19-41，内閣府経済社会総合研究所。
・諸富徹（2015）「消費税 軽減税率の視点⑦」（2015 年 11 月 5 日「日本経済新聞」朝刊 27 面。

注

1)　地方消費税は，地方分権の推進，地域福祉の充実等のため，地方税源の充実を図ることとし，消費譲与税に代えて消費に広く負担を求める都道府県税として創設された。

2)　1979 年大平内閣による一般消費税の導入を閣議決定，その後導入断念をして以来，消費税の福祉目的税化に関する是非は論じられてきた。1994 年細川内閣では消費税を廃止し，税率 7％の国民福祉税構想を発表，翌日撤回された。

3)　標準税率 10％（消費税 7.8％＋地方消費税 2.2％），軽減税率 8％（消費税 6.24％＋地方消費税 1.76％）の予定である。

4)　事業者免税点制度では納付が免除されるために，事業者が消費者から消費税をとっていれば益税が発生する。簡易課税制度についても，みなし仕入率が実際の仕入率よりも高い場合は，その差に相当する部分の税額が益税となる。

5)　みなし税率は事業種類ごとに異なり，第 1 種事業（卸売業）90％，第 2 種事業（小売業）80％，第 3 種事業（製造業等）70％，第 4 種事業（その他の事業）60％，第 5 種事業（サービス業等）50％，第 6 種事業（不動産業）40％である。

6)　消費税の性格から非課税とされる取引には土地，有価証券，貸付金等の利子，郵便切手，印紙，行政手数料などがあり，社会政策的な配慮から非課税とされる取引には医療保険各法の医療，介護保険法にもとづくサービス等，社会福祉事業法にもとづく事業等，助産，埋葬料や火葬料，一定の学校の授業料等，教科書図書，住宅の貸付などがある。

7)　『国勢調査』で得られた世帯総数を 10 分の 1 にすることで各所得階級の世帯数とした。

8)　『家計調査』の消費データはマクロの消費データに比べて過小であることが知られている。そのため，表面税率から得られた消費税実効税率を推計された消費税実効税率で除算することで，調整係数を計算し，調整前の消費税実効税率に乗じてマクロの消費に合わせている。

会計学批判
——税法研究の現場からみる企業会計中心の会計学の問題点
と一般会計学の提唱——

黒 川 　 功

（日本大学法学部教授）

はじめに

　税法学は，会計事実としては明確なただ1種類の事実，すなわち仕分けで示
せば

　　（租税）　×××　／　（資産）　×××

という事象の法的当否を解明する学問である。初学者であった頃の筆者は，課
税要件の発生から納税に至るまでの過程も，当然仕訳によって説明されるもの
と考えていたが，現実にはそのような説明を目にすることはなかった。[1]

　会計学の議論は，税務会計という分野は存在するものの，企業会計の立場を
中心に，財務会計，管理会計，公会計といった自己の研究分野の一歩外の問題
にはほとんど発言しておらず，税法学においても，会計学的検証に堪えないそ
の場しのぎの場当たり的議論が放置されているのが現状である。

　しかるに，複式簿記における貸借一致の原則は，数学の公理を除けば人類が
絶対に正しいものとして前提できる唯一の原則である[2]といわれるように，会計
学は実は社会科学においては最も堅固な科学的基盤を有しているはずのもので
ある。その会計学が，税法をはじめ社会科学の各分野で十分な影響力を行使し
ていない現状には，どのような問題がありどのような原因があるのか，本稿で
は税法学ないしこれと関連する問題の分析を通じて論じ，解明を試みてみたい。
またこれにより，会計学の科学性と社会科学に対する可能性を確認，示唆でき
れば幸甚である。

I 会計学の可能性と課題

1 会計情報の客観性

　社会関係の基礎的構成要素は，人々が必要とする財貨やサービスといった価値対象とこれに権利を有する人格（権利者）との関係ということができる。ここで，これら財貨やサービスに権利を有する状態を所有と呼ぶこととすると，

　　　　　（価値対象）　　　　　　（権利者・人格）

　　　　│財貨・サービス│　　―　　　〔所有〕

という図式が現れる。これをこの権利者について仕分けの形で表現すれば，

　　　　（資産）××× ／ （所有）×××

ないし，

　　　　（消費）××× ／ （所有）×××

という形態が現れる。これは，所有，消費といった今日の会計学で一般的でない科目を，資本，費用等に置き換えれば，非常に見慣れた形態であることがわかる。

　　　　（資産）××× ／ （資本）×××

　これらの価値対象は，市場経済の発達した現代社会では容易に他の価値対象と交換できるし，

　　　　（資産）××× ／ （資産）×××
　　　　((消費))　　　　　　　　((消費))

生産過程に投入して価値対象の増加を図ることもできる。

　　　　（費用）××× ／ （資産）×××
　　　　（資産）××× ／ （収入）×××

　さらに価値対象の占有権を他者に移せば，新たに他の人格に対する権利義務の関係としての債権債務関係が成立する。なお，社会関係を表示するために，ここでは債権債務についてはあえて法律用語を用いることとする。

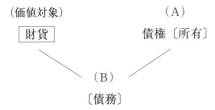

移転する価値対象は，資産に限らずサービスについても同様の図式が成立するが，一般的な資産について権利主体A，Bごとに仕分形式でこの状態を示せば，

　（A）　　（債権）×××　／（所有）×××
　（B）　　（資産）×××　／（債務）×××

という，これもまた本稿で用いている特殊な科目を除けば見慣れた形態が現れることとなる。

このように，複式簿記の手法においては，基本的な社会関係はそのまま実に的確に認識・記録・処理される。しかも，各会計主体において，いつ，どのように各勘定科目が発生・存続・増減・消滅したのか，相手方会計主体との関係も含めて整合的に説明しなければ，途端に貸借の不一致や科目間の矛盾等を露呈することとなり，議論の正当性が維持できなくなる。このように，税法学は勿論のこと，会計学は価値対象と権利主体によって構成される社会を研究する全ての社会科学…法学，経済学（財政学），経営学，政治学，社会学等…における議論の科学性・合理性を担保する強力な学術的基盤となりうることを，我々は再認識すべきである。

2　会計学界の現状と問題点

今日の会計学は，財務会計を中心に，管理会計，公会計，税務会計等の領域を有しているが，いずれも企業会計を基盤とするものと考えてよいであろう。しかして，今日の社会において特徴的な生産体である法人企業（ここでは営利法人たる株式会社を前提として論じる。）をめぐる社会関係は，少しく特殊である。すなわち，個人や企業といった権利主体（A）は，出資という形でその財貨（通常は現金等の貨幣性資産）の所有権を対象法人（C）に移転させるが，その対

価として得るのは（C）に対する債権ではなく，株式という特殊な資産である。（A）は株主総会における議決権と配当を受ける権利を取得し，株式自体を通常の資産と同様に処分する権利を有するが，原則として法人（C）に対し出資した資産についての直接的請求権は発生しない。法によって法人格を与えられる法人（C）は，出資者に対する直接的債務から解放され，事実上出資された資産を半永久的にその所有の下に置くことが可能となり，株主とは別個の人格（権利義務の主体）として，社会に恒常的に存在し活動する生産体として成立するに至っている。[3]

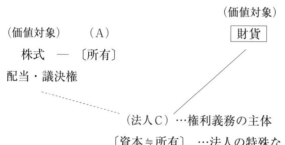

企業の財務・損益情報を認識，記録，表示する財務会計中心の現在の会計学は，利潤追求に基礎を置く資本の運動を認識・記録・表示することのみに特化した会計学と評することができる[4]。近来貸借対照表における資本の部を純資産の部に改編した事例などは，会計学が資本の集合体である法人企業の実態により忠実になった反面，社会において権利義務の主体として価値対象（財貨・サービス）を支配する法人企業の実体や法的性格についてはより無頓着になったことを意味し，現在の会計学は資本の運動を記述する専門の社会的道具としての性格をより強くしている。

先に述べた会計学の影響力が，税法学その他の社会科学において十分発揮されていないという問題は，現在の会計学のこうした状況が大きく起因している。まず，①個人や家計等，本来価値対象に対する権利主体として最も多く存在しているものが，会計主体として軽視されており，この分野での研究は十分とは言い難い状況にある点が指摘される。これらは個々の規模は小さくても，社会で起こっている価値対象をめぐる物質代謝の量的大半を占めており[5]，このこと

は学問としての会計学の社会的使命を考える上では看過しえない問題となっている。また，民法上の組合や有限責任事業組合契約に関する法律に基づく有限[6]
責任事業組合，信託等の会計主体についても状況は大差がないように思われる。[7]

　次に，②個人を含む広範な会計主体を対象とする場合，財貨・サービス等の価値対象と権利主体の関係は，資本を介した特殊な形態ではなく，直接的に所有の関係になっており，むしろこちらのほうが基本的・一般的な関係であるといえよう。この場合会計主体が価値対象に対し権利を有している関係は，

　　　（資産）　×××　／　（所有）　×××

の形で示されるべきであろう。また，その物質代謝は資本の投下・回収の過程におけるもののみではなく，生活等の過程で生ずるものも含まれるのであるから，消費も会計科目として認識されるべきである。しかもこれら所有，消費と[8]
して表示される事象は，少なからぬ場合において，人権問題に関係したり，法的にも権利・義務の対象となる可能性のあるものであって，これらを初めから研究の対象外としてしまうことは，市民法生活においてこれを現実に規定する法秩序との関係を把握できないことを意味し，それは実存する社会関係を正確に認識・理解する上では大きな足枷となろう。

　会計学には，企業会計という斜眼帯を外し，価値対象に対して権利を有する人格，社会的実在は全て会計主体として対象とし，消費，所有等企業活動と関係のない科目も研究対象に包含し，市民法生活に存在する社会関係すべてに通用する「一般会計学」ともいうべき理論が求められるのではないかと思われる。仮に会計学がそうした条件を備えた場合には，現在自然科学において数学がその推論の正しさを証明する基礎学問の役割を演じているように，会計学も社会科学全般に対してその議論を検証する基礎学問の地位を得られるのではあるまいか。

Ⅱ　複式簿記的分析の税法事例における有効性

　複式簿記のシステムの下では，取引が時系列すなわち因果関係を通じて，また各時点における科目全体の貸借が一致する形で整合性を保ちつつ説明されなければならない。この整合性は取引の相手方・取引系内部での整合性にも拡大

しうるものである。こうした複式簿記の観点から税法学の領域で行われている議論を検証すると，対象を裁判例に限定しても，不合理という他ない解釈論は簡単に見つけることができる。

1 〔みなし相続財産となった年金保険契約からの給付金の所得課税〕

　近年話題となった，相続した年金保険から支給された各年の給付金が所得課税されていた事案がある。下級審は，相続した年金受給権と個々の年金の取得とは，別個であるとして，前者に相続税，後者に所得税を課すことは問題ないとして課税を支持した。理由として（おそらく相続した財産を原資と想定して）自らの負担で定期金給付契約を締結して年毎の定期金を受け取る場合も所得課税が起こるので，事案における個々の年金の取得と同一であると指摘している。しかし，給付額がただちに全額所得を構成するなどという課税関係はありえず，両者は同じではない。そもそも元本と運用益の区別がされていないこと自体，複式簿記的視角を欠いた謬論であり，判断は有効な根拠が示されないまま行われたことになる。

「福岡高等裁判所，平成19年10月25日判決，平成18年（行コ）第38号，訟務月報54巻9号2090頁以下

　被控訴人Ⅹは，受給権（基本権）を取得する権利・所得と支分権に基づく年金の所得は，形式的・表面的には別異と認識できるが，実質的・経済的には同一の資産であり，二重に課税することは許されないと主張する。確かに，本件年金受給権の評価は，相続税法24条1項1号により，有期定期金は，その残存期間に受けるべき給付金の総額に，その期間に応じた一定の割合を乗じて計算した金額とされているところ，この割合は，将来に支給を受ける各年金の課税時期における現価を複利の方法によって計算し，その合計額が支給を受けるべき年金の総額のうちに占める割合を求め，端数整理をしたものといわれている。そうすると，本件年金受給権の評価は，将来にわたって受け取る各年金の当該取得時における経済的な利益を現価（正確にはその近似値）に引き直したものといいうるから，本件年金受給権と年金の総額は，実質的・経済的にはほぼ

同一の資産と評価することも可能である。しかし，本件年金受給権の取得と個々の年金の取得とは，別個の側面がある。まず，後者についてみると，Xは，本件保険契約において，将来の特約年金（年金）を受け取るものであるが，これは，Xが自ら年金契約等の定期金給付契約を締結して自ら掛金を負担し，年毎に年金等の定期金を受け取る場合と異なるところはなく，いずれについても所得があるのである。そうすると，両者を区別することはできず，これらの所得は所得税の対象となる。そして，前者についてみると，Xは，本件保険契約において，自ら保険料を支払ったものではないのに，Aの死亡により，本件年金受給権を取得したのであるから，これは，前者とは別個に，相続税の対象となる。このように考えると，本件年金受給権の取得に相続税を課し，個々の年金の取得に所得税を課することを，二重に課税するものということはできない。」

　最高裁は，各年の支給額のうち相続税の課税対象となった年金受給権に相当する部分は，相続財産の経済的価値と同一のものであるから，所得税法9条1項15号（当時・以下同）により非課税所得であるとして課税を否定した。

「最高裁判所第三小法廷，平成22年7月6日判決，平成20年（行ヒ）第16号，判例タイムズ1324号78頁以下

　年金の方法により支払を受ける保険金（年金受給権）のうち有期定期金債権に当たるものについては，相続税法24条1項1号の規定により，その残存期間に応じ，その残存期間に受けるべき年金の総額に同号所定の割合を乗じて計算した金額が当該年金受給権の価額として相続税の課税対象となるが，この価額は，当該年金受給権の取得の時における時価（同法22条），すなわち，将来にわたって受け取るべき年金の金額を被相続人死亡時の現在価値に引き直した金額の合計額に相当し，その価額と上記残存期間に受けるべき年金の総額との差額は，当該各年金の上記現在価値をそれぞれ元本とした場合の運用益の合計額に相当するものとして規定されているものと解される。したがって，これらの年金の各支給額のうち上記現在価値に相当する部分は，相続税の課税対象となる経済的価値と同一のものということができ，所得税法9条1項15号によ

り所得税の課税対象とならないものである。」

　このように下級審と上告審とで判断は分かれているが，判断基準が相続財産である年金受給権と各年の支給額を同一のものと見なせるか否かで共通しており，この点，両裁判所とも本質を外れた議論をしている。以下，事案の推移を冷静にみてみよう。

　① 相続時

　相続人が掛金を負担した年金の受給権が相続税の課税財産となる。当然収入も発生するが，所得税法9条1項15号により所得税は非課税となる。なお同規定は，相続財産を取得すれば財産税である相続税が課税されるが，同時にそれは収入をも生じさせることとなり，放置すればインカムタックスである所得税も課されることとなるため，同一の事象に両税が課されることを防ぐための規定である。すでに相続ではない年金受給時にこの規定を持ち出す最高裁の判示もやはり間違っている。またここで，評価減の問題を持ち出す向きもあるようであるが，これは後年度に実現する資産の現在価値への調整措置であって別問題である。

　　　(年金受給権)　2300万円　　／　　(相続収入)　2300万円
　　　　　→　相続税課税　　　　　　　→　所得税非課税

　② 個別受給権確定時

　年金受給権の一部が特定の年分の受給権に転換する。保険会社等は，新たに個別年分の年金の支給義務が生ずるが，元々の年金支給権は同額減少する。

　　　(年度年金受給権)　230万円　　／　　(年金受給権)　230万円

　③ 年金受給時

　個別年度の年金が振り込まれ，現金預金を取得する。振り込みが実行されたことにより，当該年分の年金受給権も消滅する。

　　　(現金預金)　230万円　　／　　(年度年金受給権)　230万円

　以上，事案に登場する諸権利の変転の過程を複式簿記の仕分けの形式に整理してみれば，それは単に年金受給権が個別年分の年金受給権，現金預金と転換されていった過程であって，二重課税や相続財産の取得にかかる非課税の規定

会計学批判

を持ち出すまでもなく，そもそも収入が発生しておらず，所得課税を論ずべき
事案ですらなかったということができる。また，元本が相続財産であれ何であ
れ，そこから運用益等何らかの利得が生じている場合，その部分に関しては当
然に所得課税の問題が生じることも明らかである。

課税庁の調査官や裁判官が，純資産増加説や包括的所得概念を知らなかった
とは思えないが，それと事案とを関連付けて判断できず，複式簿記的思考がな
されていなかったことも明らかである。彼らのうちの誰かが，最初に納税者の
資産状況を，貸借対照表でも試算表の形式でも簡単に頭の中に描いた上で，問
題の年金の振り込みと関連付けて考えることができていれば，この事案は長く
最高裁まで争われるような事案にはならなかったといえよう。

2 土地売買契約履行途中の相続事例

土地売買契約の履行途中で，買主ないし売主が死亡した場合，その土地は買
主，売主の相続財産となるかにつき，最高裁判所は同じ日付で異なる判断を下
している。

A）買主相続事例

被相続人が農地の買受契約をし，その所有権の移転要件である農地委員会の
許可が到達する前に死亡した場合，その相続財産は農地ではなく，農地の所有
権移転請求権であると判示した。

「最高裁判所第二小法廷，昭和 61 年 12 月 5 日判決，昭和 57 年（行ツ）第 18 号，
相続税更正処分取消請求事件，判例時報 1225 号 56 頁以下

被相続人が農地の買受契約を締結した場合，その生存中に農地の所有権移転
につき許可証が到達していないときは，その農地は相続財産とならないとした
原審判断は，相続税法 2 条（相続税の課税財産の範囲）1 項の解釈を誤ったもの
である旨の上告理由について，原審の適法に確定した事実関係のもとにおいて，
本件相続税の課税財産は，農地の売買契約に基づき買主たる被相続人が売主に
対して取得した農地の所有権移転請求権等の債権的権利と解すべきであり，そ
の価額は売買契約による農地の取得価額に相当する 1965 万余円と評価すべき

137

であるとした原審の判断は，正当として是認することができ，所論の違法はない。」

　判示内容を複式簿記の形式を用いて表示すると

①　土地売買契約締結時（被相続人）

2000万円にて農地の買取契約を結んだとき，被相続人には農地代金2000万円の支払債務が発生し，同額に評価される土地所有権移転請求権が発生する。

　　（所有権移転請求権）　2000万円　／　（売買代金債務）　2000万円

②　手付金収受時

手付金の支払いにより，手持ち資産200万円，売買代金債務200万円が減少する。

　　（売買代金債務）　200万円　／　（現金）　200万円

③　相続時（相続人）

相続により相続人が当該農地に関して相続する資産の内訳は

　　（所有権移転請求権）　2000万円　／　（売買代金債務）　1800万円

　　　　　　　　　　　　　　　　　　　（現金（減少分））　200万円

④　相続人による残金支払時

土地代金1800万円を支払うことにより売買代金債務が消滅する。

　　（売買代金債務）　1800万円　／　（現金）　1800万円

⑤　農地委員会許可到達日

法的要件であった農地委員会の許可が到達することにより，農地の所有権移転が実行される。

　　（土地）　2000万円　／　（所有権移転請求権）　2000万円

となるが，市民法生活上起こった事実を忠実に認識しており，判示は相当であるということができる。結局，所有権移転請求権を法的には未だ取得できていない土地であると主張して，その金額を土地評価額まで圧縮しようとする試みは認められないこととなる。

B）売主相続事例

売主である被相続人が，所有権の移転は土地代金の完済時とする特約付きの土地売買契約を結び，残金を残したまま相続が開始した事例である。ここでまず，先の買主相続事例に倣って，取引の過程で起こったことをそのままに記してみると

① 土地売買契約締結時（被相続人）

売買契約により，土地代金債権 4600 万円と同額に評価される土地引渡し債務が生ずる。

　　（売買代金債権）　4600 万円　／　（土地引渡債務）　4600 万円

② 手付金収受時

手付金 1600 万円を取得し，売買代金債権が同額減少する。

　　（現金）　1600 万円　／　（売買代金債権）　1600 万円

④ 相続時（相続人）

相続時の土地売買をめぐる債権債務関連の状況は

　　（売買代金債権）　3000 万円　／　（土地引渡債務）　4600 万円
　　（現金（増加分））　1600 万円／

で，土地売買契約をめぐる売買代金債権＋資産増減と土地引渡債務は，科目の変化はあっても双方の金額は均衡を保ち，相続財産の総額に影響を及ぼさない。相続税の課税財産を構成するのは，元々の土地（相続税評価額）その他の相続財産である。

⑤ 相続人による引渡し（残金受取，譲渡完了）時

残金 3000 万円を収受し，売買代金債権が消滅する。

　　（現金）　3000 万円　／　（売買代金債権）　3000 万円

同時に土地の引渡しによって土地引渡債務 4600 万円が消滅し，被相続人から受け継いだ土地の取得原価が 1000 万円だとすると，このとき初めて土地の含み益 3600 万円が実現し，相続人に譲渡所得の課税がなされることとなる。

　　（土地引渡債務）　4600 万円　／　（土地）　　　1000 万円
　　　　　　　　　　　　　　　　／　（譲渡益）　3600 万円

以上のように，土地売買契約による売買代金債権と土地引渡債務は同一金額

をもって成立し，その後その一部が他の資産等によって置き換わることはあっても，最終的に土地が譲渡されキャピタルゲインが実現するまで均衡を保ち，相続財産の総額に影響を与えるべきものではない。しかしながら第二小法廷は，土地の評価額は売買残代金債権と同額であると判示した。

「**最高裁判所第二小法廷，昭和 61 年 12 月 5 日判決，昭和 56 年（行ツ）第 89 号，相続税課税処分取消請求上告事件，訟務月報 33 巻 8 号 2149 頁以下**

　相続税の課税財産に関し，被相続人Ｐは 47 年 7 月 7 日その所有土地につき売買契約を締結したが，この契約においては，土地の所有権移転の時期を売買代金の残金が支払われた時とする特約があり，右残代金が支払われたのは，Ｐの死亡（相続開始）後の 47 年 12 月 15 日であるため，同人が死亡当時にはいまだ買主側に移転しておらず，したがって土地はＰの遺産として同人の相続人に承継されたものであるとの事実関係のもとにおいては，<u>たとえ土地の所有権が売主に残つているとしても，もはやその実質は売買代金債権を確保するための機能を有するにすぎないものであり，右土地の所有権は，独立して相続税の課税財産を構成しない</u>というべきであって，<u>相続税の課税財産となるのは，売買残代金債権であると解するのが相当であり，したがって，右土地の価額をその売買残代金債権と同額であるとした原審の判断は，結論において正当として是認することができる。</u>」

　判決は，売主に残っている土地の所有権の実質は売買代金債権を確保するための機能を有するにすぎず，独立して相続税の課税財産を構成しないと判示し，ここからさらに矛盾を深めることに，相続税の課税財産となるのは売買残代金債権であると断言してしまっている。売買代金債権は土地引渡債務と同一金額で成立し，譲渡益が実現するまでその金額で総体的に貸借の均衡を保つため，土地引渡債務によって相殺され相続財産としては実質カウントできないはずである。また土地の所有権の実質を売買代金債権を確保するための機能にすぎないというのであれば，中間支払の度に債権は縮小しているのに土地評価額が逓減していかないのもなにゆえであろうか。何より，土地売買契約の時点で売主

の元で消滅した（？）土地勘定が，引渡しとともに買主の下で復活するまで，どこでどうなっていたのであろうか。

　そして，土地所有権が実質的に消滅し，売買代金債権に置き換わっているというのであれば，譲渡所得については「譲渡所得に対する課税は，資産の値上りによりその資産の所有者に帰属する増加益を所得として，その資産が所有者の支配を離れて他に移転するのを機会に，これを清算して課税する趣旨のものである」として増加益清算説の立場をとる最高裁判所[9]としては，売買契約の時点で被相続人に譲渡所得を認定し，相続人にこれにつき準確定申告をさせ，相続財産からはその税負担額を控除しなければならなかったはずであるが，判決はこれらの点につき何の説明も行っていない。

　全体として，判決は課税関係をきちんと整合的に説明したものとは評価しがたいものとなっている。

Ⅲ　所有概念を使った分析の税法事例における有効性

　所有とは，ある権利主体が，価値対象に対して支配的権利を及ぼしている状態を表示する科目で，その会計主体に帰属する物質的・経済的能力をほぼそのまま表示する性格を帯びることとなる。また同時にそれは人権論的な評価の対象ともなり，社会関係を分析する有益なツールとなりうるものと考える。

1　〔差押禁止財産の判断にかかる事例〕
　国民年金及び労災保険金の受給権は差押等禁止債権とされているところ（国民年金法24条，厚生年金保険法41条1項，労働者補償保険法12条の5第2項），これらが指定預金口座に振り込まれることによって受給権は消滅して預金債権に転化し，これらを受働債権として相殺に付しても差押等禁止の規定に違反することにはならないとされた事案である。

　判決はその理由として，年金等は預金口座に振り込まれると受給者の一般財産に混入し識別できなくなるため，これらを差押え禁止にすると取引秩序を乱すという実務上の便宜を挙げ，差押等禁止債権の振込みによって生じた預金債権は，原則として，差押等禁止債権としての属性を承継しないと結論付けている。

「釧路地方裁判所北見支部，平成 8 年 7 月 19 日判決，平成 5 年（ワ）第 48 号，金融法務事情 1470 号 41 頁（最高裁判所第三小法廷（上告審）平成 10 年 2 月 10 日判決も支持）

　被告金庫は被告国から年金取扱金融機関の指定を受けていること，原告は，国民年金及び労災年金の支払い方式につきいわゆる振込払の方式を選択し，振込先として被告金庫の本件預金口座を指定したこと，これを受けて被告国は，被告金庫の本件預金口座に国民年金及び労災保険金を直接振り込み，原告に対して事前に振り込み通知書を発送したことは当事者間に争いがない。ところで，振込払の方式が選択された場合にあっては，年金取扱金融機関は，国に代わって年金等の支払いを行うものとみるべきではなく，むしろ，受給者に代わって年金等を受領するものというべきである。そして，指定預金口座に振込まれることによって年金等の受給権は消滅し，同時に預金口座に預金が形成され，口座開設者たる年金等受給者は年金取扱金融機関に対して預貯金の払戻請求権を有することとなると解するのが相当である。本件における受働債権は年金等の受給権そのものではなく，それらが転化したところの預金債権とみるべきであって，これらを相殺に供することがただちに差押等禁止の規定に違反することにはならないというべきである。

　次に，年金等の振り込みによる預金債権も差押禁止の対象とならないかにつき検討する。

　たしかに，年金等のように差押ができない旨定められている給付については，それらが受給者の預金口座に振り込まれた場合においても，受給者の生活保持の見地から右差押禁止の趣旨は十分に尊重されてしかるべきではある。しかしながら，一般的には預金口座には差押等禁止債権についての振込み以外の振込みや預入れも存在するのであって，年金等は預金口座に振込まれると受給者の一般財産に混入し，年金等としては識別できなくなるといわざるを得ず，このようなものについてまで差押を禁止することとなると取引秩序に大きな混乱を招く結果となるというべきである。したがって，差押等禁止債権の振り込みによって生じた預金債権は，原則として，差押等禁止債権としての属性を承継しないと解するのが相当である。」

判示するところは，実務上の便宜の観点から，年金受給権と預金債権の属性の違いを論じて，結局差押等禁止債権としての属性を承継しないと結論付けているが，こうした議論は全く差押え禁止財産制度の本質を離れた無意味な議論である。

　差押え禁止の規定は，この案件に関わってきた規定以外にも相当数存在する¹⁰⁾が，これらは本質的に国民に健康で文化的な最低限度の生活を保障し，これを侵害しない（憲法 25 条）ために設けられている規定と解さざるを得ない。問題は借方の資産の属性の問題ではなく，貸方の所有，すなわち生活資力の問題である。このような立場から生存権保障がなされるパターンを図式化すると

　①　最低生活の保障

　すべての人の所有の内，最低生活を維持するのに必要な部分は，人権所有として他の所有と区別され，国家権力からの侵害を許さず，かつ必ず維持されなければならない部分となる。（仮に 1 月の間に最低限必要とされる人権所有を便宜上 10 万円とすると）

　　　（資産）　100 万円　／　（所有）　　　90 万円
　　　　　　　　　　　　　　　（人権所有）　10 万円

となるが，

　②　必要なだけの財貨がない場合は，

　　　（所有欠落）　10 万円　／　（人権所有）　10 万円

となり，この所有欠落が生じるが，これは負の所有であり，最低生活を送る資力が欠けていることを示し，あってはならない状態なので，

　③　社会保障受給権の発生時

　社会保障の受給権が発生しこの所有欠落を打ち消すこととなる。

　　　（受給権）　　 10 万円　　｜　~~（所有欠落）　10 万円~~
　　　~~（所有欠落）　10 万円~~　｜　（人権所有）　10 万円

　④　受給時

　　　（現金預金）　10 万円　　｜　~~（受給権）　　10 万円~~
　　　~~（受給権）　　10 万円~~　｜　（人権所有）　10 万円

⑤　差押時

ここで預金をそのまま滞納税額として差押えられたとすると

（所有欠落）　10万円	~~（現金預金）~~　~~10万円~~
~~（現金預金）~~　~~10万円~~	（人権所有）　10万円

と，再びあってはならない所有欠落が生じてしまう。

　このため差押えを合法的に行うために徴収側が証明すべきことは，差押えを行っても所有欠落が発生しないだけの資産ないし必要な消費をもたらす収入（所有の増加）があったということであり，差押えに堪えるだけの人権所有を超える通常の所有が存することである。

（資産）　10万円　／　（収入）　10万円　　　又は

（消費）　10万円　／　（収入）　10万円

　　　　　　↙

（収入）　10万円　／　（所有）　10万円

　　　　↙

（資産）　20万円	（所有）　　　　10万円
	（人権所有）　10万円

　従来，この問題に関しては，差押禁止性非承継説ないし差押禁止性承継説，（限定的）預金債権転化説等，権利の属性の観点から論じられてきたが，論点はそこではあるまい。重要なのは，差押えによって，債務者が最低限度の生活を送れない状態，すなわち憲法の許容しない「所有欠落」を生じさせてはならないという点であろう。債権者側は，差押えを可能とする通常の所有が債務者に生じていることを証明しなければならず，かつその範囲において差押えが許されるものと解すべきである。とりわけ，所有欠落を解消するためになされる社会保障系の給付については，そもそも既に生じていた所有欠落を解消するために行われるのであって，いとも簡単に人権侵害状況を惹起しかねないのであるから，明確な反証がない限り差押えは許されないものと解すべきである。

2　〔財産分与の事例〕

　先に紹介した最高裁判所第三小法廷昭和50年5月27日判決は，増加益清算

説の立場に立つ譲渡所得の基本判例であると同時に，財産分与についてのリーディングケースでもある。[11] 譲渡所得に対する課税は「資産の値上がりによりその資産の所有者に帰属する増加益を所得として，その資産が所有者の支配を離れて他に移転するのを機会に，これを清算して課税する趣旨のものであ（り）…，その課税所得たる譲渡所得の発生には，必ずしも当該資産の譲渡が有償であることを要せず…所得税法33条（譲渡所得）にいう『資産の譲渡』とは，有償無償を問わず資産を移転させるいっさいの行為をいう」と，典型的な増加益清算説を展開して夫の名のもとに所有されていた期間中の根上益は夫の譲渡所得として課税するものと結論している。

また，これは増加益清算説とは論理的には矛盾するのであるが，財産の引き渡しにより消滅する財産分与義務を経済的利益（収入）とみて所得が発生するとの主張も展開している。しかし，財産分与義務の発生時はいかなる扱いになるのかについては何ら触れておらず，同義務の発生から消滅までを因果関係を追って説明できてはいない。

「最高裁判所第三小法廷，昭和50年5月27日判決，昭和47年（行ツ）第4号，民集29巻5号641頁以下

譲渡所得に対する課税は，資産の値上がりによりその資産の所有者に帰属する増加益を所得として，その資産が所有者の支配を離れて他に移転するのを機会に，これを清算して課税する趣旨のものであるから，その課税所得たる譲渡所得の発生には，必ずしも当該資産の譲渡が有償であることを要せず（最高裁昭和41年（行ツ）第102号同47年12月12月26日第三小法廷・民集26巻10号2083頁参照），したがって，所得税法33条（譲渡所得）にいう「資産の譲渡」とは，有償無償を問わず資産を移転させるいっさいの行為をいうものと解すべきであり，そして，同法59条1項（贈与等の場合の譲渡所得等の特例）（昭和48年法律第8号による改正前のもの）が譲渡所得の総収入金額に関する特例規定であって，所得のないところに課税譲渡所得の存在を擬制したものでないことは，その規定の位置及び文言に照らし，明らかである。…

夫婦が離婚したときは，その一方は，他方に対し，財産分与を請求すること

ができる（民法768条，771条）ところ，この権利義務の内容は，当事者の協議，家庭裁判所の調停若しくは審判又は地方裁判所の判決をまって具体的に確定されるが，右権利義務そのものは，離婚の成立によって発生し，実体的権利義務として存在するに至り，右当事者の協議等は，単にその内容を具体的に確定するものであるにすぎず，財産分与に関し右当事者の協議等が行われてその内容が具体的に確定され，これに従い金銭の支払い，不動産の譲渡等の分与が完了すれば，右財産分与の義務は消滅するが，この分与義務の消滅は，それ自体一つの経済的利益ということができ，したがって，財産分与として不動産等の資産を譲渡した場合，分与者は，これによって，分与義務の消滅という経済的利益を享受したものというべきであって，してみると，本件不動産の譲渡のうち財産分与に係るものがXに譲渡所得を生ずるものとして課税の対象となるとした原審の判断は，その結論において正当として是認することができ，論旨は採用することができない。」

① 婚姻中

財産分与（民法768条）を婚姻期間中の夫婦共有財産の分割とすると，婚姻期間中に夫婦の協力の下に得られた財産は，たとえ夫の名義で所有されていても，そこには確実に妻の持分も含まれているのであるから，単なる夫の所有と異なり，夫婦所有ないし共所有の状態にある。妻は夫名義の資産の中に未分割ではあるが確実に自らのものとしうる部分があり（未分割資産），現在は夫名義の所有となっているが，その中には確実に自らの持分とされるべき部分が存在する（所有未分割）。

（夫）	（土地）	1000万円		（夫婦所有）	2000万円
	（マンション）	1000万円	/		
（妻）	（未分割資産）	1000万円	/	（所有未分割）	1000万円

② 離婚時

離婚が決まり，夫は土地，妻はマンションを取ることとなった。夫婦所有は解消され，引渡しの済んでいないマンションについては財産分与義務が付されている。

会計学批判

（夫）　（夫婦所有）　2000万円　／　（所有）　　　　　1000万円

（財産分与義務）　1000万円

結果，夫の資産・所有状況は以下の通りとなる。

（土地）　　　1000万円　／　（所有）　　　　　1000万円

（マンション）　1000万円　／　（財産分与義務）　1000万円

妻については所有未分割が解消され，純然たる自己の所有が現れる。未分割資産も解消され，マンションに対する分与請求権に具体化している。

（妻）　（所有未分割）　1000万円　／　（所有）　　　　1000万円

（分与請求権）　1000万円　／　（未分割資産）　1000万円

③　財産引渡し時

元夫はマンションを元妻に引渡し，財産分与義務が消滅する。

（元夫）　（財産分与義務）　1000万円　／　（マンション）　1000万円

この時の元夫の資産・所有状態は自分の取り分である土地の純然たる自己所有となる。

（土地）　1000万円　／　（所有）　1000万円

元妻はマンションの引渡しを受け，分与請求権が消滅する。

（元妻）　（マンション）　1000万円　／　（分与請求権）　1000万円

この時の元妻の資産・所有状態は自分の取り分であるマンションの純然たる自己所有となる。

（マンション）　1000万円　／　（所有）　1000万円

以上のように，財産分与の過程は，夫婦の潜在的持分がきれいに分離されていく過程として説明される。夫の財産分与義務も，結局妻の持分を分離するときの仲介をするだけであって，発生の時に損失ともならなければ，消滅の時に収入ともならない。この点，最高裁の財産分与消滅利益説は，自己の増加益清算説と矛盾するだけでなく，全く事実関係に根拠を有しない。そもそも財産分与の過程は企業会計で言えば資本等取引に相当し，所得の生ずべきケースではないように思われる。

みなし譲渡の制度を，相続，遺贈，贈与，低額譲渡と，あらゆる無償，低額譲渡をみなし課税の対象としていたシャウプ税制当時[12]に遡っても，実は最初か

147

ら財産分与の文言は含まれていなかった。この点，上記財産分与が夫婦財産の潜在的持分の整理・分離の過程として説明できる点と考え合わせれば，立法府は当初より財産分与を譲渡の中に含めて考えてはいなかったと考えるほうが自然であるように思われる。この点，財産分与事例を「みなし譲渡課税」の対象に含めることには合理的な説明が困難であるように思われる。

Ⅳ　課税標準概念

　財政学における課税標準理論は，時として税法解釈そのものに大きな影響を与えるものではあるが，税法解釈学の視覚から会計学の現状を批判的に論ずるという本稿の趣旨からすると，若干テーマの中心から外れるので，簡単に問題点を指摘するに止めるが，課税標準は，資産か所得か消費のいずれかしかないという財政学が採用している前提は，会計学的には支持されないはずのものである。

　すなわち，所得も消費も資産もどれも担税力を形成する<u>要素</u>に過ぎず，支払い能力そのものではないということである。これまで経済学で用いられてきた最も近い概念は「富」であろうが，これとて能力ではなく要素である。

　この不完全で部分的な課税標準を組み合わせて公平化を図ろうというタックスミックス論は，時として公平どころか不公平を加速させかねない手法である。たとえば，稼いだ所得をほとんど生活費に使い切って生活している貧しい勤労者にとって，所得税も消費税もその担税力のほぼすべてを課税対象とする税で，この2つを組み合わせることは，担税力の獲得と利用の両面で完全に捕捉されて搾り取られることを意味する。しかしてこの組み合わせは，今日本のみならず世界で主流となりつつある。片や最も優れた担税力が見込まれる富裕・余剰財産には，いかほどの課税がなされているだろうか。たとえ低税率でも富裕税を課している国がどこにあるだろうか。

　担税力，すなわち

　　　（租税公課）　×××　／　（資産）　×××

という行為を行いうる原因となる事象は何かといわれれば，それは価値対象を支配する能力，すなわち所有に行きつく。それはおそらく，「資産＋期中消費

－負債＝総所有，総所有－人権所有＝純所有」という算術で表現されるように思われるが，いずれにせよ担税力・課税標準は，税制度の合理化・公平化を図るためには，会計学的に示され，科学的検証の下に置かれるべきである。

おわりに

会計学の科学性・信頼性は本来今世間で考えられているよりもはるかに高いであろう。本稿で扱った租税事件の分析においても相当に有用であることは明らかであろう。研究対象を資本の運動以外のすべての会計主体・取引に拡大し，価値対象と権利主体による運動を正確・精密に認識・把握しうる一般会計学としての体裁を整え終わったとき，会計学は税法は勿論社会科学全般において，非科学的，一面的，皮相的な議論を一掃するような影響力を行使しうるように思われる。数学に匹敵するような基本科学としての役割を，筆者は会計学に切に期待する。

注

1) 譲渡担保取引と財産分与を題材に最初に研究テーマとして選んだ譲渡所得の研究に際しても，会計学分野からの示唆はなく，自ら仕分けを考えなければならなかった。拙稿「渡所得学説と税法解釈学の方法論（1），（2），（3），（4・完）～ 譲渡担保・財産分与の事例的検討とともに」税理 28 巻 9 号 115 ～ 126 頁，28 巻 12 号 113 ～ 121 頁，28 巻 15 号 144 ～ 151 頁，29 巻 2 号 94 ～ 102 頁，ぎょうせい，1985 ～ 1986 年（昭和 60 年 8 月，10 月，12 月，61 年 2 月）。

2) 学生時代に古本街で見かけて印象に残っている言葉である。残念ながら現時点で誰のものであるか把握できていないが，真実を言い当てているように思われる。

3) この点，「法人は株主（社員）の集合体」という前提が妥当するのは，組合企業ないしアメリカ法でいうところのパートナーシップまでで，法人税の設計思想として採用されている法人擬制説は，社会的・会計的事実に基づかないフィクションの上に構築された議論であるということができる。

4) 当学会（租税理論学会）設立後間もない頃のレセプションで，会計学は誕生以来資本主義の奴隷であった旨の発言をされた会計学畑の古参の会員がおられたが，こうした指摘は会計学の立ち位置を客観的に自覚するものであり，本稿における問題意識にも少なからず影響をもたらしてくれたものと考えている。

5) 内閣府の公表している「年次 GDP 実額」では，2017 年度の GDP（名目）548 兆 6392 億円に対し 家計最終消費支出（名目）は 295 兆 7909 億円（53.9%）にもなり，家計消費が我が国の経済の屋台骨を支えていることは明白である。（http://www.esri.cao.go.jp/jp/

sna/menu.html)

6) 課税庁は「経営方針の決定につき支配的影響力を有すると認められる者」1人を「当該事業の事業主に該当するもの」と認定して，事実上組合を極力認めない方針を採っている（所得税基本通達12－1～5）ため，課税実務において事実上認められない会計主体に対する研究意欲がそがれているという事情は否定できないであろう。

7) 一般に知れ渡っておらず，利用実績もあまりないようである。

8) 贈与，相続等の利潤追求を目的としない財貨・サービスの移転も，厳密には収入・損失等の科目の流用では本来的には済まされない問題であろうと考える。

9) 最高裁判所第三小法廷，昭和50年5月27日判決，昭和47年（行ツ）第4号，民集29巻5号641頁。

10) 民事執行法第131条（差押禁止動産）は，生活に欠くことができない日用品，1か月分の食糧・燃料，2か月分の生計費，農漁業等の正業を営む上で必要な動産，勤労者の業務に欠くことができない器具等，社会生活に必要な印鑑・文具等，個人の名誉にかかる物品，学習用教材等，独自の発明・著作にかかるもの，保安・安全機器等を規定し，民事執行法第152条1（差押禁止債権）は，33万円を超えない給与等債権の4分の3を，国税通則法75条（一般の差押禁止財産）は民事執行法同様生活に欠くことの出きない動産等を，同法76条（給与の差押禁止）は，一定の給与等を，同法77条（社会保険制度に基づく給付の差押禁止）は，社会保険制度に基づく一定の年金等の給付金を，同法78条（条件付差押禁止財産）は，農漁業等正業や事業等に必要な動産や機器等を指定し，この他にも生活保護法58条が生活保護受給権を，生活保護法58条が児童手当受給権を差押え禁止財産として指定するなど，多くの規定が存在する。

11) この問題に関する筆者の法解釈論的見解は，注1に示した拙論文を参照されたい。

12) 昭和25年法律第71号。旧所得税法5条の2。

Ⅲ　グループ報告

2017 年 12 月 10 日　第 29 回大会（於　椙山女学園大学）

企業再生税制と事業再生税制の差異

藤　間　大　順

（青山学院大学大学院法学研究科博士後期課程，
日本学術振興会特別研究員（DC 1・公法学））

はじめに

　債務免除益は，一般的に課税所得であると解されている。一方，一定の財政状態にある者が受けた債務免除益については，課税を行わない制度が複数の税目に存在している。筆者は，これらの制度を総称して「広義の事業再生税制」と呼称している。[1] 本稿は，広義の事業再生税制に存在する不整合な点を指摘した上で，立法的提言を行う論稿である。

　具体的な検討に移る前に，本稿で用いる用語の定義をしておく。まず，「広義の事業再生税制」は，法人税法上の企業再生税制，[2] 所得税における事業再生税制および贈与税の非課税規定（相続税法 8 条括弧書き）からなるが，本稿では専ら企業再生税制および事業再生税制を検討の対象とする。「租税属性」とは，一般的には税負担に影響を及ぼす一切の要素のことを指すが，[3] 広義の事業再生税制について論じる本稿においては，専ら利用可能な繰越欠損金または繰越損失および資産の含み損益を指す。

　次に，本稿の検討手法について述べる。本稿は，企業再生税制の検討にあたっては，法人格を維持したまま倒産法や私的整理スキームの適用を受ける単純な場面を想定する。清算型手続や第二会社方式ではなく，再生型手続（会社更生法，民事再生法等）に基づく資本再構成方式による企業の再生を想定する，ということである。なぜならば，事業再生税制の適用を受ける個人は倒産処理によって人格が消滅せず，企業再生税制と事業再生税制を比較する本稿においては，このような前提を置かざるを得ないからである。

153

本稿の構成は，以下のとおりである。まず，Ⅰにおいて，企業再生税制と事業再生税制の差異を指摘する。次に，Ⅱでは，差異に関する評価基準を構築した上で，差異が正当化できるのか，正当化できないものならばどのように立法的解決が図られるべきかを論じる。

Ⅰ　企業再生税制と事業再生税制の差異

Ⅰでは，法人税法上の企業再生税制と所得税における事業再生税制に制度上の差異があることを指摘する。

1　企業再生税制における債務免除益の非課税と租税属性の清算

企業再生税制には3通りの適用方式があるが，いずれの方式においても，資産の評価損益の算入，青色欠損金の損金算入，期限切れ欠損金の損金算入が組み合わせて行われる[4]。これは，資産の評価損益および青色欠損金の算入による租税属性の清算[5]と期限切れ欠損金の損金算入による債務免除益等の非課税が組み合わせて行われているものと整理できる。

この場合において，期限切れ欠損金の損金算入が（租税属性の清算ではなく）債務免除益等の非課税と整理できる点については説明が必要であろう[6]。ある所得がある年度に生じた場合に，その所得の取扱いは①永久に課税しない，②過去に遡及して課税する，③その年度において課税する，④将来において課税する，という4通りの取扱いが考えられる。本稿では，実質的に見て①と考えられる場合を非課税と呼称している。一方，益金や収入金額と同額，欠損金や資産の含み損のような納税者に将来的に租税利益をもたらす租税属性が清算された場合，将来の損金や必要経費が減少し，所得が増加することから，実質的には④課税繰延が行われたものと分析できる。期限切れ欠損金は青色欠損金のように将来的な税負担に影響を及ぼす租税属性ではない。したがって，期限切れ欠損金の損金算入による債務免除益等の相殺は④課税繰延ではなく①非課税であると整理できる。

以上のように整理した場合，企業再生税制においては租税属性の清算と債務免除益等の非課税が組み合わせて行われているものと整理できよう。

2 事業再生税制における債務免除益の非課税と租税属性の清算

一方，事業再生税制はどのような制度と分析できるだろうか。

まず，非課税規定の適用を受ける場合，債務免除益の金額を総収入金額に算入しないことが定められている（所税44条の2第1項）。次に，債務免除益が生じた年度において各種所得の計算上生じた損失の金額または純損失の繰越控除（所税70条）の適用を受ける金額については，1項の規定を適用しない（したがって債務免除益の金額が総収入金額に算入される）ことが定められている（所税44条の2第2項）。この規定については，利用可能な損失の金額という租税属性は債務免除益と両建てすることで清算しつつ，残額の債務免除益を非課税とするものと整理できよう。

一方，評価損規定の適用を受ける場合には，事業所得等を生ずべき事業に供する一定の資産の評価損の金額が必要経費に算入される（租特28条の2の2第1項）。評価損を計上できる資産は，減価償却資産のほか，繰延資産および繰延消費税額等のうち必要経費未算入額であり（租特令18条の6第2項），この規定により必要経費に算入された金額は，その年以後の所得計算において既に償却または必要経費に算入された金額とみなされる（同条4項）。したがって，この規定は資産の含み損という租税属性を清算する規定と整理できる。

以上のように，事業再生税制は，企業再生税制と同じく，純損失および資産の含み損という租税属性の清算ならびに債務免除益の非課税という仕組みを持っている。ここにおいて問題となるのは，非課税規定および評価損規定の適用要件である。

まず，非課税規定の適用要件については，法的整理の場合および資力喪失の場合に適用されるものと定められている[7]（所税44条の2第1項）。一方，評価損規定の適用要件は，一定の準則に基づき評定により資産の評価損を計上した場合に適用されるものと定められている（租特28条の2の2第1項）。一定の準則の範囲については，政令において，企業再生税制における書類添付方式の要件を借用している（租特令18条の6第1項）。

評価損規定の要件において「所得税法第44条の2第1項の規定の適用を受ける場合を除く」とされていることから（租特28条の2の2第1項），両規定は

排他的なものである。また，適用される実際の場面も異なり，非課税規定は民事再生法の適用を受ける場合（再生計画認可の決定があつた場合）に適用されることが明示されているが，評価損規定については，実務上，民事再生法の適用を受ける場合には適用されないものとされている[8]（措置法通達28の2の2-1）。したがって，①法的整理を受ける場合または資力喪失状態の場合には純損失が清算された上で債務免除益が非課税となり，②私的整理手続のうち一定の準則に従ったものの適用を受ける場合かつ青色申告書を提出している場合には債務免除益が（資産の含み損が清算されることにより）課税繰延になる。

3 制度の比較―差異の指摘

以上の整理によれば，企業再生税制と事業再生税制には以下のような差異があるものと指摘できる。

企業再生税制においては，租税属性（資産の含み損益および青色欠損金）の清算と債務免除益等の非課税が組み合わせて行われる。一方，事業再生税制においては，非課税規定の適用を受ける場合（法的整理の場面および納税者が資力喪失状態にある場合），繰り越されてきたまたは繰り越しうる損失の清算は債務免除益の非課税と組み合わせて行われるが，この場合資産の含み損益の清算は行われない（評価損規定の適用は排除される）。資産の含み損益については，一定の私的整理の準則に基づく場合に含み損のみを清算する規定があるものの，含み益はどの規定においても清算されず，また資産の含み損を清算した場合には損失の清算や債務免除益の非課税は行われない。

Ⅰの検討からは，以上のような差異が指摘できよう。次に，ここで指摘したこれらの差異は果たして租税政策上または何らかの立法政策上正当化できるのか，Ⅱにおいて検討していきたい。

Ⅱ　差異の評価と立法的解決策

Ⅱでは，Ⅰで指摘した差異が正当化しうるのか，正当化しえないならばどのように立法的解決が図られるべきか議論する。

1 評価基準の構築

差異の評価を行う以前に，まずは本稿が取る評価基準を構築する必要がある。

従来，広義の事業再生税制の趣旨については，本来課税されるべき債務免除益に対し，事業再生を後押しする観点から特例的に課税を差し控える制度であるという説明がなされてきた。換言すれば，倒産処理政策が一部租税政策に優位する課税問題であり，両者の調和点を探る方向での検討がなされてきた。例えば，旧所得税基本通達 36-17 につき，「収入金額の測定のための議論というよりはむしろ，倒産立法政策の課題ではないだろうか[9]」と論じている先行研究がこのような考え方の典型例として挙げられる。

このような先行研究には，課税所得としての債務免除益は納税者の財政状態に関わらず生じ，租税政策上は課税が行われるべきであるという前提がある。しかし，この前提は，事業再生税制の非課税規定の前身である旧所得税基本通達 36-17 が所税 36 条の解釈として（すなわち，租税政策内部のものとして）合理的なものであるとする判示や[10]，資力喪失者が受けた債務免除益が「単に形式上の所得であって，免除を受けたことによってそれだけ担税力のある所得を得たものとみるのは必ずしも実情に即したものとはいえない[11]」ことを同通達の趣旨と説明する文献と反することになる。企業再生税制についても，通達上の取扱いが一部その前身となっているので[12]，同様の指摘が可能である。

そこで，筆者は，新たな債務免除益の課税理論（債務控除アプローチ）に基づき，「個人納税者が負っている債務が消滅しても，債務超過額分または債務超過が確実な額の現在価値分のうち租税属性と相殺された分を除いた残額分の債務免除益は発生しない」という主張を個人の所得計算の枠内で構築し，旧所得税基本通達 36-17 のような法解釈およびそれが立法化された非課税規定はそれを確認した規定である，と論じた[13]。この主張は，個人の所得計算の枠内で構築されたものであるため，法人の所得計算への適用可能性については一定の留保がつく。具体的には，個人においては観念しえない資本等取引を考慮する必要があろう。そこで，以下では，上記の主張に一定の論理操作を行うことで，企業再生税制においても事業再生税制においても適用可能な評価基準を導出したい。

上記の主張は，「納税者の債務超過とは，課税上無視された債務額の累積」[14]であることを根拠としていた。本来ならば，ある課税期間の所得計算上生じた損失は他の課税期間において必ず考慮されるべきである[15]。しかし，所得額以上に損失が生じた場合，日本の所得税法には完全還付制度が存在しないことから，所得額以上に生じた損失は（繰越控除や繰戻還付を行ったとしても）無視される。そして，所得額以上に生じ無視された損失は債務によって補塡され，債務超過額として積みあがっていく。仮に，債務超過額について債務免除を受けたとしても，それは所得計算上無視された損失を打ち消す行為にすぎないのであるから，当該行為によって債務免除益が生じたとは考え得ない[16]。ただし，租税属性の額については，将来的な所得計算において考慮されうるのであるから，この金額分の債務免除益は非課税とすべきではなく，租税属性の清算と債務免除益の相殺を行うべきである。

　以上の考察は個人については妥当するものだが，法人については，資本等取引（法税22条5項）が存在することにより必ずしも妥当しない。法人が負った損失（赤字）については，債務（借入れ）のみならず，資本（出資）によっても補塡されうる。逆に，配当等により，資本等取引によって債務超過額が拡大することもありうる[17]。むしろ，法人については，所得額以上に生じた損失の額は欠損金として直接的に把握可能であり，こちらを用いるべきであろう。

　以上の考察に基づき，本稿では，「納税者が負っている債務が消滅しても，所得計算で考慮され得ない損失額分（法人税については欠損金額分，所得税については債務超過額分または債務超過が確実な額の現在価値分）のうち租税属性と相殺された分を除いた残額分の債務免除益は発生しない」という所得計算上の原則との整合性（以下「第一基準」という）を第一次的な評価基準として置く。

　もっとも，企業再生税制のうち会社更生法の適用を受ける場合の取扱いが以前は会社更生法に定められていたこと（旧会社更生法（昭和27年法律第172号）269条3項，平成17年度税制改正（平成17年法律第21号）以前の会社更生法232条3項）等を鑑みれば，広義の事業再生税制が倒産法制の要請を受けて設けられている規定でもあることは間違いがないであろう。したがって，第二次的な基準として，倒産法制の要請を勘案するために，「仮に第一次的な評価基準と整

合しない取扱いが行われている場合，倒産処理手続やそれに伴う課税上の取扱いから正当化されるか」という基準（以下「第二基準」という）を置くべきである。この基準は，倒産処理手続の選択に対する課税の中立性という，従来企業再生税制について論じられてきた点と類似した基準である。

2以降では，以上の2つの基準に沿い，Ⅰで指摘した差異を評価する。

2　事業再生税制と企業再生税制の差異

Ⅰで指摘した事業再生税制と企業再生税制の差異は，1で定立した評価基準においてはどのように評価できるだろうか。

第一基準からは，租税属性が清算された後に債務免除益が非課税となるべきである。これに照らせば，そもそも事業再生税制においては資産の評価益が計上されることがない点が問題点としてまず指摘できる。評価損益をいずれも計上する書類添付方式の適用要件を借用しながら，評価損規定が評価益の計上を規定していないことは不可解である。

また，非課税規定の適用を受ける場合には，資産の評価損益が計上されないため租税属性の清算が不完全である一方，評価損規定の適用を受ける場合には債務免除益が非課税とはならず，評価損規定の適用を受ける納税者が非課税規定の適用を受ける納税者に比してあまりに不利である。この点，適用初年度の9ヶ月分のデータであり，15,000人弱の申告書を抽出したデータではあるが，会計検査院の平成28年12月の調査によれば，評価損規定の適用を受けた納税者はいなかったという報告がされている。[18]

資産の評価損を計上する納税者が不利に扱われるという事業再生税制の特徴は，第二基準から正当化しうるのだろうか。非課税規定という有利な規定が裁判所の関与による公正な法的整理手続に適用され，評価損規定が（一定の公正さが要求されるとはいえ）公正さにおいては劣る私的整理手続に適用されることは，一見すると正当化が可能なようにも見える。しかし，資力喪失要件があることからこの線引きは不完全であり，むしろ，非課税規定は準則に従わない（公正性が最も劣る）私的整理手続にも適用される。また，裁判所の関与による公正さを重視するならば，むしろ法的整理の場合にのみ資産の評価損を必要経

費に算入する（評価額を公正な価額と税法上承認する）制度とすべきではないかと思われる。したがって，このような正当化は困難であろう。

以上の検討により，事業再生税制と企業再生税制の差異については正当化が困難であることが明らかになった。すなわち，事業再生税制も，企業再生税制と平仄を合わせ，資産の評価損益の計上，繰越損失の清算および債務免除益の非課税を併用する制度へと改正されるべきであろう。具体的には，評価損規定を削除した上で，非課税規定において事業または業務用資産の評価損益の必要経費または総収入金額算入を規定すべきである。この意見は，平成26年度税制改正による事業再生税制の整備において企業再生税制との平仄が理由として挙げられていたことと整合する。[19]

3 先行学説との比較検討

最後に，先行学説との関連で本稿の立場がどのようなものであるか述べておく。なお，事業再生税制について倒産処理政策の課題であるとする増井教授の見解は既に紹介したため，ここでは扱わない。

第一款 課税繰延制度の提案

広義の事業再生税制については，課税の公平の観点から，債務免除益の非課税ではなく課税繰延のみを効果とする規定とすべきではないかという提案がなされている。

企業再生税制についてこのような提案をする先行研究として，髙橋教授の「企業再生と債務免除益課税」が挙げられる。髙橋教授は，抽象的に考えれば再生企業の収益力は市場収益率よりも大きいはずであるという「見地から，また租税の平等の観点を可能な限り重視すれば，債務免除益非課税よりは課税繰延べが可能であり，また望ましい」と論じている。[20]

次に，事業再生税制についてこのような提案をする先行研究として，佐藤教授の「家族の経済的危機と所得税制」がある。佐藤教授は，事業再生税制に存在している問題点が，それによって与えられる利益が非課税（now or never）であることに由来することを理由として，利益を課税繰延（sooner or later）の

問題に留めるべきだと主張している。その上で，「①納税者の経済的困難が客観的に認識できるようになった日（中略）以降に確定する所得で債務の弁済に充てられたものと，②広義の倒産手続において行われた債務免除による所得を，③すべて課税繰延の対象とし（中略），④繰り延べられた所得を，納税者の経済的再生が行われて資力が回復した場合（中略）には，資力回復日の属する年分の所得として課税すること[21]」を骨子とした制度を提案している。

　これらの提案は，課税の公平を重視すれば納税者の財政状態に関わらず債務免除益課税が行われるべきであるという見解を前提とした上で，倒産処理段階では課税を差し控えるべきという見解と調和する点としては，課税繰延という方式が望ましいと論じているものと整理できよう。既に論じたように，本稿は課税の公平の枠内で一定の債務免除益は非課税となるべきことを前提としており，これらの提案とは前提が異なるが，これらの提案について３点批判しておく。

　まず，このような課税繰延制度がなぜ租税実体法上設けられる必要があるのか，これらの提案においては理由が明らかではない。本来ならば課税されるべき所得に対する課税を倒産法の要請によって差し控える，というのであれば，納税の猶予（国税通則法46条ないし49条）の拡充等，租税手続法の改正案によって対処する可能性についても論じるべきであろう。また，これらの見解は，納税者の財政状態に関わらず債務免除益課税が行われることが万人にとっての理想であることを前提としており，例えば佐藤教授は「非課税制度を適用した納税者が後に資力を回復した際に過去の所得について追及する手段がまったくないことは，他の納税者の納得を得難いと考えられ，制度を執行する課税庁やその判断を審査する裁判所に大きなフラストレーションを与えている[22]」と論じている。しかし，そもそも事業再生税制は課税庁の内部の取扱いとして設けられ（旧所得税基本通達36-17），裁判所はそれを合理的な取扱いとしてきたのであり，このような見解の妥当性には疑問がある[23]。更に，佐藤教授は，事業再生税制について総合的な検討を行っているものの，評価損規定と非課税規定が排他的に適用される点について論じておらず，提案している制度において資産の含み損益がどのように扱われるのか明らかとなっていない。

161

第二款 「新たなスタート，しかし有利でないスタート」の観点

　第一款で述べたように，髙橋教授は「企業再生と債務免除益課税」において，企業再生税制に係る債務免除益の課税繰延制度を提案している。しかし，後に発表した「事業再生と法人課税」においては，若干筋の異なる議論を展開している。髙橋教授は，「企業再生と債務免除益課税」で既に紹介していた「新たなスタート（fresh start），しかし有利でないスタート（not a head start）」の考え方をより具体的に展開し，①新設法人との同等性の観点から，債務免除時における事業年度終了と債務免除益等非課税および租税属性の更新を行うこと，②債務免除時等の非課税等の措置は非常手段的に取られるべきであること，③倒産処理手続間の選択につき税負担が中立であることを事業再生局面での課税の原則として置いている。この基準に照らし，青色欠損金を利用した後の期限切れ欠損金の利用，全ての資産の評価損益の計上および欠損金の控除以前の損益への算入，期限切れ欠損金という枠を超えた債務免除益等の無制限な非課税および租税属性の更新という企業再生税制に係る立法論を主張している。

　髙橋教授の議論と本稿の議論は，前提が異なる。本稿は新設法人との同等性を何ら議論の前提とはしておらず，むしろ課税の公平の観点では，他の債務免除益を得ている法人との公平性を問題としている。一方，髙橋教授の議論と本稿の議論は結論として共通する点が多い。青色欠損金を利用した後の期限切れ欠損金の利用，全ての資産の評価損益の計上と欠損金の控除以前の損益への算入および租税属性の更新については，本稿も立場を同じくするものである。期限切れ欠損金という枠を超えた債務免除益等の無制限な非課税については，本稿は債務免除益等の非課税を所得計算上無視された損失に結び付ける見解に立つ以上，賛同できない。

第三款 リスク・テイキングに対する中立性の観点

　長戸教授は，『事業再生と課税』において，欠損の利用の問題として企業再生税制を定式化した上で検討している。そして，リスク・テイキングに対する課税の中立性の確保および事業再生局面を「経済活動の終了」と見る観点から，現行の税制について，「平時には，課税上，経済的所得を正確に算定していな

いことに鑑みて青色欠損金額の利用には制限を設けつつも，倒産局面においては，それまでのリスク・テイキングが失敗に終わったとみなし，この時点において期限切れ欠損金の利用を認めることを担保しておく制度と理解すれば，単なる倒産政策上の優遇措置としてだけでなく，リスク・テイキングへの中立性を確保するための仕組みとして租税政策論的に正当化する余地を見出せるかもしれない[27]」と論じている。上記のような機能的分析をしつつも，現実的な解決策としては，政治的受容の問題も勘案し，平時における欠損金の控除制度の拡充等を併せて行うべきである，と長戸教授は結論づけている[28]。

　長戸教授の議論については，欠損の利用という視野から検討を行っているものであり，債務免除益の課税問題として企業再生税制を捉える本稿とは若干のズレがある。一方，平時における課税ルールの不合理，具体的には完全還付制度の不存在を論拠とし，平時における規律と連続した問題として企業再生税制を捉える議論は，本稿の議論とも親和性が高い。ただし，長戸教授の議論においてはどの程度まで現行の企業再生税制が許容できるのか，許容できない部分は具体的にどのように改正されるべきなのかは明らかではないため，賛否については明らかにできない。

おわりに

　本稿では，広義の事業再生税制に現在する差異を抽出した上で，評価基準に従って立法的な解決策を探った。結果として，企業再生税制と事業再生税制の差異は正当化できず，租税属性の清算の後の債務免除益非課税という債務免除益の課税理論からの要請に従った制度へと一本化する形で改正されることが望ましいことが明らかになった。

　なお，本稿は，日本租税理論学会第29回大会において筆者が行った「広義の事業再生税制に現在する2つの差異」という報告のうち一部を抜粋したものである。当日の報告においては，企業再生税制および事業再生税制の概要について整理し，企業再生税制の方式毎の差異（会社更生法等適用時が有利であるという問題等）についても検討したが，分量等の都合から割愛した。

163

※本研究は JSPS 科研費 16J06971 の助成を受けたものである。

注

1) 拙稿「債務免除益課税の基礎理論（上）」青山ビジネスロー・レビュー 6 巻 1 号（2016 年）74 ～ 75 頁参照。

2) なお，解散等の場合における欠損金の繰戻還付制度（法人税法 80 条 4 項）や仮装経理に基づく税額の還付・控除の除外規定（法人税法 135 条 1 項，3 項）については扱わない。

3) 租税属性に関する総合的な（特に引継ぎの場面に着目した）検討として，酒井貴子『法人課税における租税属性の研究』（成文堂，2011 年）参照。

4) 企業再生税制について整理した文献として，藤曲武美「企業設立（起業）・再生支援税制」日税研論集 66 号（2015 年）75 頁参照。髙橋祐介「事業再生と法人課税」金子宏＝中里実＝ J. マーク・ラムザイヤー編『租税法と市場』（有斐閣，2014 年）421 ～ 425 頁も参照。

5) 書類添付方式においては，（会社更生法等適用時および損金経理方式とは異なり）必ずしも資産の帳簿価額を増減させることが求められてはいないが，評価損益の算入額分，資産の帳簿価額が増減したものとすること（税法上擬制する，ということであろう）が定められている（法税令 24 条の 2 第 6 項，28 条の 2 第 5 項）。

6) 期限切れ欠損金の損金算入を債務免除益等の非課税と位置づけるものとして，髙橋祐介「企業再生と債務免除益課税」総合税制研究 12 号（2004 年）173 頁，岡村忠生『法人税法講義［第 3 版］』（成文堂，2006 年）439 ～ 444 頁，髙橋・前掲注(4) 419 頁，谷口勢津夫『税法基本講義［第 5 版］』（弘文堂，2016 年）478 頁参照。

7) この要件の解釈論については，拙稿・前掲注(1) 96 ～ 104 頁，拙稿「債務免除益課税の基礎理論（下）」青山ビジネスロー・レビュー 6 巻 2 号（2017 年）49 ～ 54 頁参照。

8) ただし，要件の借用元である書類添付方式は民事再生法の適用を受ける場合に適用されるのであるから，（条文の文言上はこの通達の解釈は正しいものの）要件を借用した趣旨に合致する解釈かどうか疑問が生じうる。

　　また，個人向けの準則でこの要件に当てはまるものとしてどのような準則があるのかは明らかではない。個人向け私的整理ガイドラインの適用を受ける場合が考えうるが，この場合には震災特例法（平成 23 年法律第 29 号）11 条の 3 の 3 の適用があるものと解されるので，この規定の適用によっては資産の評価損が計上される訳ではない。

9) 増井良啓「債務免除益をめぐる所得税法上のいくつかの解釈問題（上）」ジュリスト 1315 号（2006 年）199 頁。

10) 大阪地判平成 24 年 2 月 28 日税資 262 号順号 11893。

　　また，同旨を判示した判決として，倉敷青果荷受組合事件第一審判決（岡山地判平成 25 年 3 月 27 日税資 263 号順号 12184）参照。同事件上告審判決（最判平成 27 年 10 月 8 日集民 251 号 1 頁）においては，旧所得税基本通達 36-17 と類似した文言を理由として原審に事件が差し戻され，差戻控訴審においては，通達の適用の可否が論点であることを前提として判決が下されている（広島高判平成 29 年 2 月 8 日（公刊物未登載，LEX/

DB 文献番号 25545867)）。あくまで差戻理由で述べられたにすぎないが，最高裁判所判決においても，同通達は一定の合理性をもったものとして扱われたということはできよう。

11) 後藤昇＝森谷義光＝阿部輝男＝北島一晃共編『所得税基本通達逐条解説　平成 24 年度版』（大蔵財務協会，2012 年）283 頁。

12) 武田昌輔『DHC コンメンタール法人税法』（第一法規，1979 年［加除式］）3503 の 2 〜 3503 の 3 頁参照。

13) 拙稿・前掲注(7) 46 〜 51 頁参照。

14) 拙稿・前掲注(7) 48 頁。

15) この場合の「損失」とは，所得計算の最終的な結果としての損失（赤字）であり，所得計算の過程における損失（法税 22 条 3 項 3 号，所税 51 条等）とは異なる点に注意。

16) このような考え方の底にあるのは「債務免除益が生じるためには，債務を負ったことが所得の減算項目として考慮されていなければならない」という考え方だが，この点は本稿の主題を外れるため省略する。

17) なお，分配可能額に対する規制により（会社法 461 条），債務超過会社の多くは配当を行えないものと思われる。しかし，ここで述べているのは，その取引が行われた時点が債務超過になった以後であるか以前であるかを問わず，資本等取引で最終的な債務超過額に変動が起きうる，ということであって，債務超過になった後の配当の可否については問題としていない。

18) 会計検査院平成 28 年 12 月付随時報告「租税特別措置（所得税関係）の適用状況等について」別表 1（会計検査院ウェブサイト（http://report.jbaudit.go.jp/org/h28/ZUIJI3/2016-h28-Z3037-0.htm））参照。

19) 内閣府の平成 26 年度税制改正要望（財務省ウェブサイト（http://www.mof.go.jp/tax_policy/tax_reform/outline/fy2014/request/cao/26y_cao_k_24.pdf））参照。

20) 髙橋・前掲注(6) 175 頁。

21) 佐藤英明「家族の経済的危機と所得税制」金子宏監修『現代租税法講座　第 2 巻　家族・社会』（日本評論社，2017 年）168 頁。

22) 佐藤・前掲注(21) 167 頁。

23) 大阪地判平成 24 年 2 月 28 日・前掲注(10)参照。

24) 髙橋・前掲注(4) 416 〜 421 頁参照。

25) 髙橋・前掲注(4) 421 〜 430 頁参照。

26) ただし，長戸教授は欠損金の移転制限（法税 57 条の 2）についても射程に入れて議論を行っている点に注意。

27) 長戸貴之『事業再生と課税』（東京大学出版会，2017 年）313 頁。

28) 長戸・前掲注(27) 348 〜 354 頁参照。

法人税法における債務免除益課税の法解釈と制度の概要

峯 岸 秀 幸

(公認会計士・税理士,
青山学院大学大学院法学研究科ビジネス法務専攻
ビジネスロードクター養成プログラム博士後期課程)

はじめに

　本稿の目的は，債務免除益が法人税法における益金の額に含まれるという基本的な解釈を根拠づけて行うとともに，債務免除益に関連する法人税法の各制度を概観することを通じて，債務免除益をめぐる法人税法上の問題を網羅的に確認することである。そのために，次の順序で議論を行う。

　まず，債務免除益と「一般に公正妥当と認められる会計処理の基準」(以下,「公正処理基準」という。)の関係について検討する。法人税法 22 条 2 項[1]は「当該事業年度の益金の額に算入すべき金額は，別段の定めがあるものを除き，資産の販売，有償又は無償による資産の譲渡又は役務の提供，無償による資産の譲受けその他の取引で資本等取引以外のものに係る当該事業年度の収益の額とする」と定めており，また，同法 22 条 4 項は，収益の額は公正処理基準に従って計算される旨を定めている。同法 25 条の 2 や同法 59 条も債務免除益がこの収益に該当することを前提にしている。しかしながら，同法では収益の額が公正処理基準に従い計算されることになっていることに伴って，所得税法における場合に比べて法律の「建て付け」そのものの問題が比較的見えにくい構造になっているという指摘がある[2]。そこで，債務免除益が公正処理基準を通じて収益の額に該当し，法人税法の益金の額に算入されると解することができるかどうかの検討を行う。

　次に，債務免除益に関連して今も通達に残存する定めについて触れる。

　なお，債務免除益に関する制度として，法人税法 22 条 2 項の別段の定めで

ある同法 25 条の 2（グループ法人税制）及び同法 59 条（企業再生税制）があり，本稿では本来その制度概要に触れるべきであるが，紙幅の都合で触れない。

I　債務免除益の収益への該当性

1　はじめに

　債務免除益の益金該当性について，例えば「法人税法は，所得の計算上，無償による資産の譲受その他の取引からも収益が生ずる旨を定めている。無償の経済的価値の流入は広く益金に含まれるものと解すべきところ，債務免除益についても，債権者からの債務免除の意思表示により，債務が消滅することになって，債務者である当該法人に無償で経済的価値が流入するものであるから，法人税法の所得の計算上，益金の額に算入されるべきものである」と判示した裁判例がある。しかし前に述べたとおり，債務免除益が法人税の課税所得を構成するという解釈を導くためには債務免除益が公正処理基準に従い計算した収益の額に含まれることを根拠づけなければならないところ，そのことが説明された判示になっていないように思われる。本章 I の目的は，公正処理基準との関係において債務免除益全般が法人税法上の益金に算入されることを明らかにすることである。そしてこれにあたっては，特に，企業会計原則上の資本剰余金にいわゆる欠損塡補目的の債務免除益が含まれると理解されていることと公正処理基準の関係を整理する必要がある。そこで次節以降では，公正処理基準の内容を確認したうえで，現状の債務免除益一般の企業会計上の取扱い，欠損塡補目的の債務免除益を資本とする企業会計原則の規定と税務上の取扱いの変遷，そしてその規定と公正処理基準の関係について検討していき，最後に債務免除益全般が法人税法上の益金にあたることを確認する。

2　公正処理基準の内容

　法人税法 22 条 4 項は昭和 42 年に税制簡素化のために設けられた，法人税の所得計算は原則として企業会計に準拠して行われるべきこと（企業会計準拠主義）を定めた基本規定であるといわれる。多くの学説・裁判例がこの企業会計準拠主義を支持していると考えられる一方で，その準拠の程度について多くの

議論がある。

この企業会計準拠主義を肯定する考え方のうち代表的なものは，公正処理基準は基本的に会社法431条の「一般に公正妥当と認められる企業会計の慣行」（以下，「公正会計慣行」という。）及び会社法の計算規定（以下，両者を合わせて「公正会計慣行等」という。）のことであり，法人税の所得計算は会社法を通じて企業会計に準拠することになる，と考える。金子宏名誉教授はこのような関係性を企業会計・会社法会計・租税会計の三重構造[5]と表現しており，この考え方を以下では「会計の三重構造説」と呼称することにする。

会計の三重構造説を採る立場の中でも企業会計への準拠の程度については幅があり，①公正処理基準は公正会計慣行等と一致するため法人税法に規定のない事項については税法独自の解釈が否定されるとする立場[6]，②納税者を法的に救済すべき事情がある場合には公正会計慣行等ではない会計処理方法を例外的に公正処理基準とすべきとする立場[7]，③公正会計慣行等であっても法人税法の企図する公平な所得計算という要請に反するなどの会計処理方法は公正処理基準にあたらないとする立場[8]などがある。

このうち，近年の裁判例の多くは③の立場によっている。すなわち，最判平成5年11月25日（民集47巻9号5278頁［大竹貿易事件最高裁判決]）は「法人税法22条4項は，現に法人がした利益計算が法人税法の企図する公平な所得計算という要請に反するものでない限り，課税所得の計算上もこれを是認するのが相当との見地から，収益を一般に公正妥当と認められる会計処理の基準に従って計上すべきものと定めたものと解される」と判示し，法人税法の企図する公平な所得計算の要請に反する会計処理は公正会計慣行等に適合するものであっても公正処理基準からは除かれるという解釈を示した[9]。筆者は，同判決はいわゆる現金主義による会計処理方法は収益計上の時点を納税者自身が操作し得る点で恣意が介入するおそれがあり他の会計処理方法を採用する納税者との間で不公平を招く点を問題にしていると考えているが[10]，同判決を引用しながらも税法の独自性を強調し，企業会計と法人税法の目的の相違という抽象的な観点から公平性を判断した下級審判決もある[11]。

以下では，会計の三重構造説のうち③の立場を前提に検討を進めたい。

3 公正会計慣行と企業会計上の会計基準の関係

検討を前に進める前に，公正会計慣行と企業会計上の明文化された会計基準の関係も確認しておく。会社法上，企業会計審議会が公表する企業会計原則をはじめとする会計基準（金融商品取引法において準拠すべきもの）[12]は公正会計慣行に該当すると解されているが，必ずしもそれらのみならず，例えば「中小企業の会計に関する指針」[13]や「中小企業の会計に関する基本要領」[14]もこれに含まれると解されている。[15]会社法における公正会計慣行は金融商品取引法において準拠すべきとされる会計基準を含むより大きな概念であることには注意が必要である。また，公正処理基準との関係では，企業会計上は同一の事実に対して複数の会計処理方法の選択適用が容認される場合があることにも注意を要する。[16]

4 債務免除益の企業会計上の基本的な取扱い

企業会計上，債務免除益は収益にあたるといってよいだろうか。そのことを確認するためにはまず企業会計における収益の意義が明らかでなければならないが，例えば，企業会計基準委員会が平成 18 年に公表した「財務会計の概念フレームワーク」によれば，収益とは純利益を増加させる項目であり特定期間の期末までに生じた資産の増加や負債の減少に見合う額のうち投資のリスクから解放された部分をいい，純利益とは特定期間の期末までに生じた純資産の変動額（報告主体の所有者である株主等との直接的な取引による部分を除く。）のうちその期間中にリスクから解放された投資の成果であって報告主体の所有者に帰属する部分をいうものとされている。[17]なお，ここでいうリスクからの解放とは，投資の成果が確定して事実になることをいうと考えられる。[18]

本フレームワークに従うと，例えば第三者から借入金の債務免除を受けた法人では，債務免除を受けたことによって負債が減少することが確実となり，株主ではない第三者との直接的な取引によって純資産が増加することになるのだから，負債の減少額として計算される債務免除益は収益に該当するということになろう。

また，より直接的に会計処理方法を規定する企業会計基準第 10 号「金融商品に関する会計基準」[19]によれば，金融負債の契約上の義務が消滅したときは当[20]

該金融負債の消滅を認識せねばならず（10 項），金融負債の消滅を認識したときはその金融負債の帳簿価額とその対価としての受払額との差額を当期の損益として処理することとされている（11 項）。

　本会計基準に従っても，借入金の債務免除を受けた法人では，借入金返済にかかる契約上の義務が消滅することになるからこの借入金の消滅を認識し，（債務免除を受ける対価は通常ないから）借入金の帳簿価額の全額を当期の収益として会計処理することになる。

　いずれにしても，企業会計上は，原則的には債務免除益は収益にあたるといい得ると考える。しかしながらその一方で，企業会計原則にはいわゆる欠損塡補目的の債務免除益を資本剰余金に含める旨の規定があるといわれる。次節 5 でその規定について確認する。

5　債務免除益資本説―企業会計原則の規定とその変遷

　企業会計原則は昭和 24 年 7 月に当時の経済安定本部企業会計制度対策調査会中間報告として公表され（同注解の最初の公表は昭和 29 年 7 月），以後，商法との調整等のために部分的な修正を繰り返し，最新のものは昭和 57 年最終改正の企業会計原則及び同注解[21]である[22]。

　現行の企業会計原則「第三　貸借対照表原則」の四（三）に「資本は，資本金に属するものと剰余金に属するものとに区別しなければならない」という規定があり，この規定の注 19 では，会社の純資産額が法定資本の額を超える部分を剰余金といい，この剰余金は資本剰余金と利益剰余金に分かれる旨，資本剰余金は「株式払込剰余金，減資差益，合併差益等」であることが示されている。同注解の前身である旧注 7 では資本剰余金として債務免除益が例示されていたが，昭和 49 年の企業会計原則及び同注解の一部修正に伴って現在の注 19 に修正される際にこれが「等」に吸収されたために，この「等」に欠損塡補目的の債務免除益が含まれていると解されている[23]。このような欠損塡補目的の債務免除益を資本剰余金に含める企業会計原則の立場を，本稿では便宜上「債務免除益資本説」と呼ぶことにする。

　債務免除益資本説のような受贈資本を利益ではなく資本とみる立場の論拠と

して，大きくは，資本維持の必要性を強調する考え方と，企業観からくる考え方が主張されていた。[24] 前者は，資本補塡の目的で贈与や債務免除が行われたにも関わらずそれを利益として企業外部への流出の対象にしてはならないという意味において受贈資本は資本剰余金であるとする考え方であり，[25] 後者は，企業の社会的性格を強調する企業体理論に基づき，受贈資本を国・地方公共団体又は一般社会からの払込資本に相当するもので受贈企業が恒久的に維持すべきものとする考え方である。[26]

このような考え方に基づいた債務免除益資本説は当時の企業会計における多数説・通説であった。[27] しかしながら，企業観として資本主理論を採る商法は資本を株主からの払込資本に限っており，[28] 法制度が債務免除益資本説を受け入れることはなかった。逆に，昭和49年の商法改正において旧商法32条2項[29]（会社法431条の前身）が新設されたこと等との調整を図るため，企業会計原則の方が修正を迫られた。[30] この修正において債務免除益は資本剰余金の例示から姿を消し「等」に含まれることになり，同時に，修正前の「第二　損益計算書原則」六における資本剰余金を利益剰余金に直接又は間接に振り替えてはならない旨の定めも削除された。旧商法では資本準備金とすべき項目が限定列挙されており，債務免除益を資本の部に計上するためには一旦これを損益計算書に計上して未処分利益としたうえで株主総会決議により積み立てる必要があったが，企業会計原則のこの修正は，旧商法のかかる取扱いを受け入れたものと考えられる。

なお，当時の会計実務上は受贈資本を資本剰余金として処理したケースはほぼなく，修正前の企業会計原則の文言は空文化していたという指摘がある。[31] また現在においては，企業会計基準第5号「貸借対照表の純資産の部の表示に関する会計基準[32]」において，貸借対照表の表示についてこの会計基準の定めは企業会計原則に優先するとされており（26項），また，贈与により発生する剰余金を資本剰余金とする考え方は実際上ほぼ採用されていないと思われるために本会計基準の策定にあたってこのような考え方を検討対象としていないことが明らかにされている（37項及び37-2項）。

以上から，債務免除益資本説はかつて企業会計上の有力な立場であったもの

171

の，企業会計原則もこれを受け入れない商法との調整の過程で債務免除益を収益として会計処理することを実質的に受け入れたこと，現在の会計実務上は債務免除益を資本とする会計処理がされる可能性はほぼないといえることが確認できる。

6 債務免除益資本説と法人税法上の取扱い

では，債務免除益資本説が企業会計上の多数説・通説であった当時において，この立場を法人税法の側はどのように受け止めていたのであろうか。

この点，法人税法上，債務免除益一般は古くから益金に算入すべきものと取扱われていた[33]。そしてそれを前提に，旧法人税基本通達 247 において，法人の資産整理にあたってなされた債務免除を含む私財提供による益金は繰越控除の適用を受けない繰越欠損金の補填に充当した部分については課税しない旨の取扱いが定められていた。この通達の規定は昭和 40 年の法人税法の全文改正に際して当時の法人税 59 条として法制化された。すなわち，法人税法は欠損填補目的の債務免除益を課税の対象から除いてはいたが，資本と取扱ってはいなかった。企業会計原則の債務免除益資本説を根拠に欠損填補目的の債務免除益が益金にあたらず資本等取引に該当するという主張が納税者側からなされた東京地判昭和 50 年 5 月 6 日（民集 36 巻 2 号 223 頁[34]）でも，裁判所は「企業会計原則は，企業本来の活動に基づく利益以外の財産の増加は，これを広く資本とみる立場から，資本補填を目的とする債務免除益を資本剰余金に区分しているけれども，元来，法人税法においてはこのような資本剰余金は資本等の金額にふくまれないのであるから，債務免除益が同法第 22 条第 4 項 ［当時：筆者注］ の『資本等取引』に当たることはない」と判示して，その主張を退けている。もっとも，欠損填補目的の債務免除益を積極的に益金と解したわけではなく，資本等取引にあたらないために益金であるという論理構成がとられている点に注意を要する。また，本事案で争われたのは現行の法人税法 22 条 4 項の立法前の事柄であった。

7 小括─債務免除益と公正処理基準の関係

これまでに債務免除益をめぐる企業会計上の立場・取扱いとこれに対する法人税法の態度について見てきたが，法人税法22条4項に公正処理基準が定められている現在において，欠損塡補目的の債務免除益までを含めて，債務免除益の全般が公正処理基準に従って計算した収益にあたると解することができるだろうか。

まず，欠損塡補目的の債務免除益について，債務免除益資本説を採る企業会計原則の規定を前提にこれを直接資本剰余金に計上する会計処理方法が公正処理基準に適合するといえるだろうか。この点，筆者は次の点から否定的に考える。

第一に，債務免除益資本説が企業会計上の多数説・通説であった当時から会計実務上はこれに則った会計処理方法がほぼ採用されておらず，現在においてもほぼ採用されないと思われることから，債務免除益資本説に基づく会計処理方法が公正会計慣行等に該当するといえるのかに疑義がある。

第二に，公正会計慣行等への該当性を所与にしたとしても，債務免除益資本説による会計処理がほぼ行われていない現状を踏まえると，これを所得計算上認めることは，欠損塡補目的の債務免除益を益金として税務申告をした多くの納税者との間で課税上の不公平をもたらすことになる。公正処理基準は，そのような不公平をもたらす会計処理方法を所得計算から除外する機能を有していると考えられる。

また，債務免除益資本説による会計処理方法は株主以外の利害関係者までを広く資本参加者と捉える企業観を背景にしており，いわば会計の目的が異なっており，このことは法人の事業活動を株主との間の取引である資本等取引とそれ以外の損益取引に区別している法人税法の所得計算構造と相容れない。このような目的観の差異をもって，債務免除益資本説による会計処理方法が公正処理基準に適合しないと解することも考えられる。

これらのことから，債務免除益資本説による会計処理方法は公正処理基準に適合しないと考える。

そうすると，債務免除益全般について次のように考えられる。まず，債務免

除益全般は収益であるとするのが公正会計慣行等に適合する会計処理方法である。そして，そのような公正会計慣行等に基づく会計処理は法人税の所得計算上も法人税法の企図する公平な所得計算という要請に反するおそれはない。したがって，債務免除益は公正処理基準に従えば収益にあたると解すべきことになる。

Ⅱ 債務免除益課税に関連して通達に残る規定

1 未払賞与の債務免除益の益金不算入

最後に，債務免除益課税に関連して現在も通達に残っている規定について触れる。

法人税基本通達4-2-3は，法人が，その法人の会社の整理等を目的として未払役員給与（損金不算入のものに限る。）を支払わないことにした場合には，源泉徴収後の金額を益金の額に算入しないことができる旨を定めている。本規定は会社の整理等の場合に行われた債務免除について課税を生じさせることを避ける趣旨[35]であり，その目的において法人税法59条と共通しているが，立法化されずに現在に至っている。

2 未払配当金の債務免除益の取扱い

上記通達の注書きにおいて「法人が未払配当金を支払わないこととした場合のその支払わないこととなった金額については，本文の取扱いの適用がないことに留意する」とされている。この注書きについて最近の実務書では，未払給与に係る債務免除益に限って特別な取扱いをする一方未払配当金の債務免除益には益金として扱う前提で通達が定められているとしたうえで，「このことは，本通達の前身である昭和30年直法1-156通達において定められていた取扱いを昭和44年の全文改正に際して基本通達に吸収するに際して，従前は未払給与に係る債務免除益と同じように特別の取扱いを認めていた未払配当金に係る債務免除益につき，特別な取扱いをしないことに改めた経緯からみても明らかである。[36]」と解説されている。

しかしながら，昭和50年という昭和44年に近い時期に出版された同実務書

の初版によると，未払配当金の債務免除益について通達に定めない理由は，配当決議の段階で支払配当について軽減税率が適用されているからである旨が解説されている。[37] そうであれば平成元年の配当軽課税率（旧租税特別措置法42条の2）の廃止を契機に過去の取扱いが復活してもいいはずであるが，そうなっていない理由は明らかでない。

おわりに

本稿では，法人税法上，債務免除益が益金と位置付けられるかどうかについての検討を中心に，債務免除益をめぐる法人税法上の問題を確認した。その結果，債務免除益は公正処理基準に従い計算される収益の額に含まれるため，益金の額に含まれることを確認した。また，法人税法59条立法後も同様の趣旨の規定が立法されずに法人税基本通達に残存していること，その中に，現存の理由が不明確な規定があることを確認した。

注
1) なお，本稿は筆者が日本租税理論学会第29回大会（平成29年12月10日）において報告を行った際に作成したものを一部修正したものであるため，平成30年度税制改正前の法人税法を前提としている点に留意されたい。但し，本稿で検討した債務免除益と公正処理基準の関係は平成30年度税制改正後においても基本的に異ならないと考える。
2) 増井良啓「債務免除益をめぐる所得税法上のいくつかの解釈問題（下）」ジュリスト1317号（2006年）273頁参照。
3) 東京高判平成20年3月25日（税務訴訟資料258号順号10925）参照。
4) 金子宏『租税法』（弘文堂，2017年）330頁参照。
5) 金子宏『所得税・法人税の理論と課題』（日本租税研究会，2010年）124頁参照。
6) 例えば，中里実「企業課税における課税所得算定の法的構造（5・完）」法学協会雑誌100巻9号（1983年）1565頁参照。
7) 金子・前掲注(4)128頁～129頁参照。
8) ③のように会計の三重構造説を前提としつつ公正処理基準に積極的な機能を認める見解として，例えば酒井克彦『プログレッシブ税務会計論Ⅰ―租税法と企業会計の接点―』（中央経済社グループパブリッシング，2016年）53頁～100頁参照。
9) 本判決の調査官解説では現金主義が企業会計上も問題視されることが述べられた上，「本判決は，企業会計上広く一般に採用されている輸出取引による収益計上の実務的取扱いを追認」したものと述べられており，納税者のした会計処理は公正会計慣行上も問題であるという認識が判決の背景にあるように思われる（綿引万里子「判解」『最高裁判所

判例解説民事篇平成 5 年度』（1993 年）1011-1012 頁参照）。

10) 大竹貿易事件最高裁判決を引用して同じように所得計算に恣意の介在する余地が生じてしまうことを問題にしていると思われる裁判例として東京地判平成 27 年 9 月 25 日（税務訴訟資料 265 号順号 12725）がある。

11) 東京高判平成 25 年 7 月 19 日（訟務月報 60 巻 5 号 1089 頁［ビックカメラ事件控訴審判決]）参照。この裁判例に対しては税務会計の企業会計からの独立性を宣言したものとする評価がある。岡村忠生「判批」税研 178 号（2014 年）143 頁参照。

12) 金融商品取引法 193 条がいう内閣府令である財務諸表等規則 1 条 1 項の「一般に公正妥当と認められる企業会計の基準」のことを指している。同条 2 項は企業会計審議会が公表した会計基準が，同条 3 項は実質的に公益財団法人財務会計基準機構が設置した企業会計基準委員会が公表した企業会計の基準（金融庁告示 70 号［平成 21 年 12 月 11 日]参照）が，それぞれこの「企業会計の基準」にあたることを定めている。

13) 日本税理士連合会・日本公認会計士協会・日本商工会議所・企業会計基準委員会，平成 29 年 3 月 9 日最終改正。

14) 中小企業の会計に関する検討会，平成 24 年 2 月 1 日。

15) 江頭憲治郎『株式会社法［第 6 版]』（有斐閣，2015 年）628 頁〜 629 頁参照。

16) 例えば，企業会計原則第一・五，同注解注 3 参照。

17) 企業会計基準委員会「討議資料　財務会計の概念フレームワーク」（2006 年 12 月）16 頁〜 17 頁参照。

18) 企業会計基準委員会・前掲(17) 20 頁参照。

19) 企業会計基準委員会，最終改正平成 20 年 3 月 10 日。

20) 買掛金や借入金といった金銭債務は金融負債に含まれる（同会計基準 5 項）。

21) 企業会計原則の制定及び商法との調整の過程については，遠藤博志＝小宮山賢＝逆瀬重郎＝多賀谷充＝橋本尚編著『戦後企業会計史』（中央経済社，2015 年）74 頁〜 82 頁・151 頁〜 166 頁を参照。

22) 企業会計審議会，最終改正昭和 57 年 4 月 20 日。

23) 広瀬義州『財務会計［第 13 版]』（中央経済社，2015 年）356 頁参照。

24) この点の学説を整理したものとして，嶌村剛雄『会計原則コンメンタール［増補改訂版]』（中央経済社，1985 年）499 頁〜 507 頁参照。

25) 飯野利夫『財務会計論［改訂版]』（同文舘出版，1986 年）10-25 頁参照。

26) 新井清光「報告　資本剰余金を考える―とくに評価替剰余金と贈与剰余金について（制度会計重要問題の総合検討― 4　資本剰余金〈シンポジウム〉)」企業会計第 29 巻 4 号 63 頁〜 64 頁参照。

27) 新井・前掲注(26) 64 頁参照。

28) 広瀬・前掲注(23) 356 頁参照。

29) 「商業帳簿ノ作成ニ関スル規定ノ解釈ニ付テハ公正ナル会計慣行ヲ斟酌スベシ」と規定されていた。

30) 企業会計審議会「企業会計原則の一部修正について」（昭和 49 年 8 月 30 日）参照。

31) 新井・前掲注(26) 63 頁参照。

32) 企業会計基準委員会，最終改正平成 25 年 9 月 13 日。

33) 市丸吉左エ門『法人税の實務』(税務経理協会, 1950 年) 268 頁参照。

34) 判例評釈として, 中村利雄『法人税の課税所得計算―その基本原理と税務調整』(ぎょうせい, 1982 年) 371 頁〜376 頁参照。

35) 小原一博『法人税基本通達逐条解説』(税務研究会出版, 2016 年) 427 頁〜428 頁参照。

36) 小原・前掲注(35) 428 頁。

37) 田中嘉男ほか『法人税基本通達逐条解説 [初版 6 訂版]』(税務研究会出版局, 1975 年) 85 頁参照。

所得税法上の債務免除益課税問題
——遅延損害金の債務免除を中心として——

櫻　井　博　行

（税理士）

I　はじめに

　債務免除があった場合の税務上の取扱いについて質問した場合，ほとんどの税理士は「債務免除益」が発生すると回答するだろう。税務会計において債務免除益は特殊なものではなく，残高試算表の構造から容易に導き出されるからである。

　この仕組みは，負債が消滅したとき貸借が均衡するよう収益を認識する。この思考に立脚している限り，債務免除が利益を構成するというのは，企業会計のような閉鎖しているシステムにおいて自動的に導き出される正しい認識である。

　個人納税者は，事業所得等の計算において帳簿に基づき複式簿記の原則により計算書類を作成することにしており，債務免除益を認識することは問題ないようにも思える。しかしながら，ここで作成する貸借対照表は，納税者の全体財産および負債を表しているわけではなく，事業所得等の青色申告要件を担保するために作成しているに過ぎないのである。

　したがって，個人の所得概念は，会計システムと直接結びつくものではなく貸借一致の原則から債務免除益を導き出すことは困難である。そうすると債務免除が利益を構成するためには，企業会計と異なった思考が必要となるだろう。

　なお，所得の概念を会計システムと基本的に同じ考え方をベースに経済学的に表記したのが純資産増減法であり，今日の主流をなしている。しかしながら，わが国の所得税法は，収入から必要経費を差し引いて所得を算出しているのであって，純資産増減法ではないことは条文上明らかである。

所得税法上の債務免除益課税問題

そこで，本稿は，電気代などの役務提供を受けて生じる債務と異なり，役務提供を認識できない民法419条の遅延損害金に焦点を当て，その債務免除の課税を考察する[1]ことによって純資産増減法と異なる債務免除益理論の糸口を探ることを目的とする[2]。

Ⅱ 債務免除益課税の所得税法上の根拠

1 所得税法36条1項

ところで，債務の免除は，所得税法上の債務免除益として課税対象とする根拠はどこにあるのであろうか。わが国の所得税法には，「部分的免除か全額免除かを問わず，債務免除を受けた債務者は，その債務免除益を，原則として，総所得に算入しなければならない。」と規定している米国内国歳入法61条[3]のような明文規定がないのである。

唯一，債務免除益が課税の対象となることを定めたと思われるのは，所得税法36条1項であろう。同条は，収入金額とすべき金額又は総収入金額に算入すべき金額を金銭だけではなく物又は権利その他の経済的利益を含めている。問題は，経済的利益を具体的に明示していないことである。同条に規定する経済的利益の中に債務免除益が含まれているかは，必ずしも明らかでない。

2 相続税法および法人税法上の関連規定

しかしながら，個人に対する債務免除は，相続税法と法人税法にそれぞれ関連規定が存在するので，これらの規定と所得税法との関係を考えてみよう。

(1) 相続税法

相続税法8条は，対価を支払わないで債務の免除を受けた場合[4]には，法律的には，贈与（遺言による場合には遺贈）によって取得した財産とはいえないが，実質的には贈与（又は遺贈）によって取得した[5]ものとして贈与税（みなし遺贈の場合は相続税）が課される[6]。

一方，所得税法9条1項16号が「相続，遺贈又は個人からの贈与により取得するもの」は，所得税法上，非課税とすることによって債務免除による所得が相続税法の規定によるのか所得税の対象となるかの区別を，贈与又は遺贈と

179

みなされない場合には所得税の課税対象になることを示して，間接的に解決している[7]。

(2) 法人税法

また，法人税法34条4項は，「…給与には，債務の免除による利益その他の経済的利益を含むものとする。」として，役員給与の中に債務の免除による経済的利益が含まれることを明示している。使用人給与に関する同法36条および法人税施行令72条の2も同様に債務免除益は経済的利益の中に包含されている。

これらの法令のもとで役員等に対してなされる債務免除益は，法人税法上役員又は使用人の給与とされることから，所得税法上9条の非課税規定や同法44条の2（免責許可の決定等により債務免除を受けた場合の経済的利益の総収入金額不算入）といった特段の規定の適用がない限り，同法28条に基づいて役員等の給与所得として課税される。

3 課税実務上の取扱い

(1) 所得税通達

わが国の債務免除課税の歴史をみても，すでに昭和27年発遣の個別通達には，債務免除益は当該免除を受けた年の総収入金額に算入すると記されている[8]。さらに免除益収入の例外として，破産宣告を受けた場合又は和議手続を開始した場合，もしくは事業上多大の損失を生じたため，その事業を廃止又は休止し，かつ資力を全く喪失した場合には，その弁済が困難な金額の一部を積極的には収入金額に算入しないとされていた[9]。

そして，昭和38年12月6日，税制調査会「所得税法及び法人税法の整備に関する答申」が公表され，「債務免除益に対する課税については，破産の場合とのバランスもあり，債務超過ないし支払不能の場合につき何らかの課税軽減の措置を講ずる必要があると認められるが，他方脱法行為をいかに防止するかの問題があるので，軽減の方向でその具体的方法について検討するものとする。」とされた。

昭和45年には，所得税基本通達が制定され，現在の所得税基本通達36-15

と同様な内容で「法第36条第1項かっこ内に規定する…経済的利益には次に掲げるような利益が含まれる。…(5)買掛金その他の債務の免除を受けた場合におけるその免除を受けた金額…」がと記されている。

このように，債務免除益に関する通達が古くから存在し，この通達に基づき債務免除益が，原則として課税されるという課税実務が長年にわたり行われている。

(2) 給与等の反対給付の場合

また，債務免除益が給与等の反対給付の場合，現物給与として観念される。その所得区分は給与所得又は退職所得となる。たとえば，使用者から借り入れた厚生資金などの返済を免除されたことによる利益や使用者に役員又は使用人が負担すべき個人の税金を納付してもらった場合などが考えられる。

4 小 括

所得税法36条1項の経済的利益の中に債務免除益を含めることは，法人税および相続税法の規定から間接的に読み取ることはできる。また，課税実務上も古くから債務免除益を所得税法の収入金額に算入されてきた歴史がある。したがって，個人について生じた債務免除による利益が，経済的利益として課税所得を構成することについて何ら違和感がない。

ただし，債務免除がすべて利益になるかは別の検討を要するだろう。

Ⅲ 遅延損害金の性質とその負担者側の課税関係

1 遅延損害金の性質

この問題を検討するにあたって延滞利息とも呼ばれている遅延損害金の債務免除を論ずることにする。理由はこの遅延損害金の性質にある。

債務不履行による損害賠償のなかで，金銭債務については特則が設けられている。第一に，金銭債務の不履行の場合，債権者は損害の証明をする必要がなく，債務者は不可抗力をもって抗弁とすることが許されない。たとえば，災害によってやむなく返済ができなくとも，債務不履行の責任を免れることはできない。第二に損害賠償の額が，一定のレートによって一律に決定される。

したがって，民法 419 条によって算定される遅延損害金は，法的には不法行為その他の突発的な事故による損害に起因した履行遅滞による損害賠償金であり，経済的には元本利用の対価としての性質を有する金利と同じである[14]。

問題は，この二面性を有する遅延損害金債務を免除した場合どのような課税関係を生じるかである。

2 遅延損害金債務の確定時期

最初に，遅延損害金債務が生じた場合の課税関係を整理しておく必要がある。

遅延損害金が金利と同様な計算方法で算出されることから，遅延損害金債務額は，日々自動的に確定していくと解せそうである。

しかしながら，遅延損害金は必ずしも日々自動的に確定されているわけではない。たとえば，損害賠償金債務の存在やその債務金額について紛争がある場合には，遅延損害金額が確定しているとはいえない。遅延損害金が元本債権に附帯するものだからである。また，賠償額の予定であっても賠償額の請求される要件を付される場合があるので[15]，その要件が成就しなければ，遅延損害金額が確定するとはいえない。

したがって，遅延損害金債務の確定時期は，損害賠償金債務と同様に，資産等に加えられた損害額が法的に確定した時点ということになる。これは，遅延損害金の経済的性質からは導き出せない。

3 遅延損害金等の必要経費計上要件

そうすると，遅延損害金は法的に損害賠償金にほかならない側面を重視し，個人の支払う遅延損害金が所得の計算上必要経費に計上されるかどうかは，損害賠償金の取扱いに準じて考えてみるべきである。

損害賠償金の支払が，不動産所得，事業所得，山林所得又は雑所得（以下「事業所得等」という。）の必要経費に算入されるためには，「業務の遂行に関連したものである」という要件のほか，「他人の権利を侵害したことにより支払う損害賠償金については」別途，納税者の「故意又は重過失」がないことが必要である[16]。これは，損害賠償金が持つ必要経費と家事費との区分が明確でない

182

点を「故意又は重過失」に求めたといえる。この必要経費算入の二要件を満たさない損害賠償金の支払は，個人財産を減らす結果となったにもかかわらず，税負担軽減の恩恵を受けられない。

遅延損害金の必要経費計上も，業務関連の要件とともに「故意又は重過失」の要件があてはまるかどうかであるが，これについては，同法施行令98条に規定する損害賠償金の中に「これに類するものを含む」として，遅延損害金もその対象となることを明らかにしている。

したがって，遅延損害金を必要経費として計上するためには，損害賠償金と同様な二要件を具備しなければならない。

4 家事費等となる遅延損害金

所得税法は，個人が支出した費用のうち必要経費に計上しない遅延損害金を家事費又は家事関連費に該当するものとし，専ら利潤追求のための事業活動でなく消費活動としての範疇に含めている。

しかしながら，遅延損害金のような役務提供がない支出を消費の中に含めることには，大いに疑問が生じる。この点は後述することにする。

5 小 括

遅延損害金が事業所得等の必要経費に算入されるか否かは，業務遂行に関連する費用であるという要件以外に「故意又は重過失」でない要件で判断される。これは通常の経費判断基準とは異なる要件を付すことによって，遅延損害金の必要経費性の曖昧さに対応している。

その結果，業務関連で生じた遅延損害金であっても，家事費等とされることもある。

このような債務発生時に税務上の特殊性を有する遅延損害金債務が滅失した場合は，どのような課税関係が成り立つのかが重要である。

Ⅳ　遅延損害金の免除があった場合の課税関係

1　はじめに

　債務の免除が，所得税法に明記されていないものの所得税法 36 条の経済的利益に含まれて，原則として収入金額を計上すべきであるとされる。これを根拠にして，遅延損害金が免除になったときも免除額を単純に収入に計上すればよいであろうかという疑問が生じる。

　この問題を解決するためには，遅延損害金債務免除がすべて収益になると仮定した場合，どのような課税上の矛盾が生じるのかを明らかにすればよい。

　なお，課税関係が明確になるように三条件を付す。第一に，免除は債務確定した日の属する年の翌年に行われる。第二に，債務者は資力を喪失して債務弁済することが著しく困難な状況でない個人である。第三に，遅延損害金は債務確定していなければならない。[22]

2　遅延損害金を必要費用に計上している場合

　遅延損害金を必要経費に計上している場合，収入金額から減額しているので，納税者はすでに税務上の恩恵を受けている。翌年に債務免除が行われた場合，債務免除による収入金額を計上したとしても，年度が異なるだけで収入と費用が見合いの関係になる。つまり，差し引きゼロである。また，支払義務と債務免除が同一年度でなされた場合にも，当然ながらゼロである。[23]

　このように，必要経費に計上された遅延損害金の免除は，年度の違いがあるものの最初から遅延損害金債務がなかったこと同じ結果となる。

3　遅延損害金が家事費に計上されている場合

　一方，遅延損害金を必要経費に計上できないときには大きな問題が生ずる。

　何ら税負担減額の恩恵を受けていないにもかかわらず，その債務免除益を計上した場合には，追い打ちをかけるように新たな税負担が生じてしまう。とりわけ事業上で生じた支出であっても「故意又は重過失」要件を具備できないことによって必要経費に算入できていない遅延損害金は，債務免除によって債務

がなかったことになるにもかかわらず，二重の税負担が生じることになる。

このように，遅延損害金が必要経費に計上されているかどうかで，その債務免除がなされたときの税負担に差が生じる結果となることは，著しく不公平であると言わざるを得ない。

この問題について純資産増加説はうまく説明できるのであろうか。

Ⅴ　遅延損害金の債務免除の検討

1　純資産増加説からの検討

純資産増加説からの説明を試みるならば，次のようになる。

純資産増加説での所得の定義は，いうまでもなく「純資産の増減額＋消費額」で定式化されている。そして「純資産増加説は個別経済の立場に立ち，すべての個人の純資産の増加をもたらすものはその担税力を増加させるもの。」[24]として，すべての利得を課税の対象としている。公平負担の要請，所得税の再分配機能を高め，景気調整機能を高めることから，この説は一般的な支持を受けている。[25]

この説によれば，個人が遅延損害金債務を負担することになった場合，必要経費又は家事費とは無関係に純資産は減少する。[26] 確かに，必要経費になる債務はこれで説明ができるだろう。

しかしながら，必要経費に計上できなかった遅延損害金をどのように説明するかが問題である。この説では，遅延損害金のような役務提供がない支出又は債務を「消費」と位置付けることで純資産増減額に加算しているものと思われる。このようにすれば，翌年に遅延損害金の債務免除が行われた場合には，自動的に純資産が増加するので，必要経費，家事費の区別なく遅延損害金の免除額が利益又は所得になる。つまり債務免除があったときは，常に債務免除益を認識することを要請することになる。また，課税実務もこのように考えている。[27]

結果，純資産増加説は，必要経費になる遅延損害金の免除益に比べて必要経費に計上できなかった遅延損害金の債務免除益相当額だけ所得が過大になることを容認している。

しかしながら，このような考え方に同意することはできない。

なぜならば，遅延損害金債務が生じる直前と翌年に免除を受けた後とで，純資産額は，少しも増加していないからである。遅延損害金債務が生じたことによって一時的に純資産は減少するが，免除によって純資産が元の状態に回復しただけである。これを担税力のある所得と呼べるのであろうか，甚だ疑問である。

このように，遅延損害金に限らず個人の持つ消費生活面や資産損失について，純資産増加説だけではうまく説明できない場合がある。[28]

2　債務免除益課税の仮説

遅延損害金の債務免除は，もっと単純な考え方をすべきである。

必要経費になる債務が取り消され場合，すでに計上された必要経費を減額すればよい。[29]翌年に必要経費をマイナスするか債務免除益という収入を計上すれば済むだけである。

一方，必要経費にならない債務の免除が行われた場合，債務が取り消され，債務が生じる直前の状態に戻るだけなので，その年分の純資産の増加があるものの，必要経費とならなかった見返しとして，債務免除益を認識すべきではない。[30]これを実現するためには，必要経費に計上されない遅延損害金を必要経費，家事費，家事関連費とは別のカテゴリーに隔離し，翌年以降に免除が行われた場合，その取扱いを別段の定めに委ねる必要がある。

この考え方は，債務の発生と消滅を一連の取引としてみており，[31]債務免除された時点だけで収入を認識する所得税法 36 条 1 項や課税実務とは異なる。

また，必要経費に算入されなかった遅延損害金の債務確定と免除とが同一年度に行われた場合，債務免除益を認識するべきなのであろうかという問いに対する回答でもある。

結論は，単に最初の状況に戻っただけであり，債務免除益が生じるはずはない。

Ⅵ　おわりに

債務免除理論を展開するには，まず債務の存在を前提としなければならない。

そのため，議論の展開が代表的な債務である借入金について考察するところから始まることが多い[32]。この借入金は，債務であると同時に資産をもたらすものである。この場合は，債務免除があったときも，純資産増加説で説明できる。なぜならば，純資産増加説は企業会計の財務諸表をイメージして論理展開されており，借入金の調達や免除について矛盾なく説明できる。両者ともこの財務諸表に記載される財産債務だからである。また，受け入れた役務提供の費消に係る債務免除も同様である。

ところが，本論で対象とした債務は，遅延損害金という金銭債務の不履行に基づく損害賠償金である。資産は存在せず，又は役務提供を伴わず先行して債務が増加することになる。個人の場合，法人と異なって別途消費活動があることから本来，財務諸表とは無関係の世界であり，個人の課税関係を純資産増加説での説明することには限界があると言わざるを得ない。

遅延損害金の債務免除が行われた場合，従来の考えでは，一律債務免除益を計上し，所得税法 36 条 1 項により原則として課税の対象としている。この最大の原因は，債務免除があった場合，債務免除益という経済的利益が常に発生するという思考があるからである。

しかしながら，遅延損害金が債務不履行に基づく損害賠償金であり，遅延損害金に係る債務免除のうち必要経費に算入されなかった部分の金額は，減少した純資産が元に回復しただけである。わが国の所得税法が資本主義経済の要請に沿う形で必要経費の控除を認める構造を有し[33]，資産の回復は所得とはならないという基本原則から，遅延損害金に係る債務免除のうち必要経費に算入されなかった部分の金額は，収益とはならないはずである。たとえば，所得税の計算上必要経費に計上されなかった個人の住宅ローン等の債務不履行で生じた遅延損害金の債務免除は，課税の対象とすべきでない[34]。

債務の免除に必ず免除益が生じる思考は，債務免除の最終局面だけに注目して課税関係を律している結果にほかならない。しかしながら，遅延損害金に係る債務免除課税は，債務発生から債務免除までを一連の取引として考えるべきである。それを実現するためには，個人の支出を必要経費・家事費・家事関連費以外のカテゴリーを別に設け，その債務免除に関する別段の定めを置いて立

法による解決を図るほかないだろう[35]。

注

1) 債務免除益に関する先行研究として，増井良啓「債務免除益をめぐる所得税法上のいくつかの解釈問題（上）」ジュリスト 1315 号（2006 年）192 頁〜199 頁，同「同（上）」1317 号（2006 年）268 頁〜273 頁。

2) 遅延損害金の免除については「租税法務学会」裁決事例研究　第 204 回例会発表報告で国税不服審判所裁決平成 21 年 12 月 16 日裁決事例集 78 集 131 頁を題材に川崎浩税理士が行ったものがある。税務弘報 59 巻 10 号（2011 年）132 頁〜139 頁。

3) 内国歳入法 61 条(a)(12)。

4) 「何らかの対価的利益の反対給付を受けている場合には，贈与とならない。」橋本守次『新訂版　ゼミナール相続税法』（大蔵財務協会，2011 年）439 頁。

5) 金子宏『租税法 [第 22 版]』（弘文堂，2017 年）632 頁，653 頁。

6) ただし，債務者が資力を喪失して債務を弁済することが困難な場合には，この限りではない。相続税法 8 条ただし書き。

7) 「同一の経済的価値に対する相続税又は贈与税との二重課税を排除したものであると解される。」最判平成 22 年 7 月 6 日民集 64 巻 5 号 1277 頁。

8) 和泉彰宏「個人事業者への民事再生法の適用と所得課税—債務免除課税の一考察」月刊税理 49 巻 7 号（2006 年）143 頁〜149 頁。

9) 昭和 38 年 8 月 1 日に個別通達（昭 38　直審・所 70　直所 1－6）が発遣された。

10) たとえば，国税不服審判所裁決平成 23 年 12 月 20 日裁決事例集 85 集 230 頁。

11) 冨永賢一『平成 27 年版　源泉所得税　現物給与をめぐる税務』（大蔵財務協会，2015 年）204 頁，499 頁〜509 頁。

12) 民法 419 条 2 項・3 項。

13) 金銭債務の不履行についても賠償額の予定がなされる（民法 420 条）。一定の率によって定められるべきものと通常解されており，これも遅延損害金である。我妻栄・有泉亨・清水誠・田山輝明『第 3 版　我妻・有泉コンメンタール民法—総則・物権・債権—』（日本評論社，2013 年）769 頁。

14) 米倉明『プレップ民法 [第 4 版]』（弘文堂，2005 年）115 頁。

15) 我妻・前掲注(13) 763 頁。

16) 所得税法 45 条 1 項 7 号，同法施行令 98 条。

17) 植松守雄編『五訂版　注解　所得税法』（大蔵財務協会，2011 年）1011 頁。また，罰金等が必要経費不算入されると同様に制裁的意義を強調する見解もある。武田昌輔監修『DHC コンメンタール所得税法』（第一法規出版）3563 頁。

18) 刑事判決を受けた場合であっても「所得税法施行令 98 条にいう「重大な過失」とは一般に，ほとんど故意に近い著しい注意欠如の状態をいう」として損害賠償金の必要経費が認められた裁決がある。国税不服審判所裁決昭和 50 年 6 月 20 日裁決事例集 3387 集 5 頁。

19) 所得税法 45 条。

20) 所得税法施行令 96 条。

21) さらに課税実務は，遅延損害金等を受け取る側でも権利確定ではなく現金主義を認めている（法人税基本通達 2-1-43）。

22) 債務確定とはその債務が法的に決着をされている状態であって，その金額等を具体的かつ客観的な数値で表記できる。債務確定されていないとは，債務の存在を観念できるものの，その金額を客観的に認識することができないものと解することができる。そのために債務確定前では，その額を金額としてあらわすことは不可能であり，遅延損害金に対し観念的に免除があったとしても課税関係が生じることはない。

23) 同一年で必要経費と債務免除収入を両建てすることは義務付けられていない。

24) 植松・前掲注⒄ 212 頁。

25) 金子・前掲注⑸ 187 頁。

26) 債務が生じたときに，同時に財産をもたらすこともある。たとえば借入金が収入とならないことは，この純資産増加説から説明ができる。増井・前掲注⑴ 192 頁～ 193 頁。

27) 所得税基本通達 36-15⑸。

28) 「一概に純資産増加説的所得概念といっても，その個人所得への適用に大きな限界があることは確かである。」植松・前掲注⒄ 217 頁。

29) 若木裕「ノンリコースローンを巡る課税上の諸問題について─債務免除益課税を中心に─」税大論叢 77 号　https://www.nta.go.jp/ntc/kenkyu/ronsou/77/02/01.pdf　183 頁～ 184 頁。

30) 増井・前掲注⑴ 268 頁では，債務免除の取引を①資産の移転がある場合②資産の移転がないが受け入れた役務を費消している場合③資産移転も役務費消も観念できない場合を具体的に掲示している。

31) 増井・前掲注⑴ 194 頁。

32) たとえば，増井・前掲注⑴の冒頭部分。

33) 金子・前掲注⑸ 189 頁。

34) このような現象が生じるのは，他にもいくつかありそうである。たとえば，損害賠償請求権等が無い損害賠償金などを指摘することができる。増井・前掲注⑴ 268 頁～ 270 頁は①贈与契約②価格調整③第三者弁済④代物弁済の 4 つを挙げている。

35) 拙稿「所得税法における債務免除益課税─遅延損害金の場合を中心として─」青山ビジネスロー・レビュー第 3 巻第 2 号（2014 年）に若干の考察を加えて記述した。

債務免除益課税の諸問題
──判例等の状況を中心に──

木 山 泰 嗣
（青山学院大学法学部教授）

はじめに

　債務免除益に対する課税問題を検討するにあたっては，たとえば離婚に伴い特有財産である不動産を妻に財産分与した夫には譲渡所得課税がなされるという判例理論に[1]，「分与義務の消滅」という義務（債務）の消滅を捉えたものがある点を，どのように考えるべきかという問題があると思われる。この判例理論（最高裁昭和50年判決）は，財産「分与義務の消滅は，それ自体1つの経済的利益ということができる」という。

　本稿で取り上げる債務免除益やこれに附随して検討する消滅時効による利益も，債務が消滅したことによって得られる利益である。しかし，財産分与の場合は譲渡所得課税が問題になっており，キャピタル・ゲイン（値上り益）に対する課税（増加益清算課税説）が本質にある。分与義務の消滅による経済的利益を強調するのは，無償ではなく有償譲渡である点を指摘することで[2]，「贈与」ではないこと（妻に贈与税は課されないこと）にも言及しておく必要があったからではないかと思われる。ここでは，分与義務の消滅という債務消滅そのものに課税するというより，資産の移転を捉えて増加益を清算することに主眼があったと考えられる（もちろん，その増加益は有償譲渡と捉えることで実現したものと考えることができる）。

　法律行為においては，売買契約を履行した場合を考えても，売主の目的物引渡債務は消滅しているし，買主の代金支払債務も消滅している。しかし，こうした個々の債務消滅そのものに対し利益を得たとして課税されることは，通常ない。それは所得概念（包括的所得概念，純資産増加説）にたどり着くものと思

われるが，あらたな経済的価値の流入（純資産の増加）がないからであろう[3]。

　しかし，同じように債務が消滅する場合でも，債務免除については債務の消滅そのものから利益（所得）が発生したと考え，債務免除益課税が問題になる。また，同じく消滅時効によって債務が消滅した者にも，債務免除益課税と同じようにその利益（債務消滅益）に課税できるか，という問題が生じる。

　本稿では，まず，前者について，近時の判例で問題になった源泉徴収義務の問題を中心に法解釈の検討を行う。後者については，実務解説書など言及があるものでも，債務免除益と同じように課税されるとの指摘にとどまるものが散見されるが，条文の適用との関係で理論的に考えたときに果たして同じといえるのかという点を問題提起し，あり得る考え方を検討する。

I　債務免除益課税についての税法上の適用法令

　債務免除（民法519条）によって消滅した債務（債権）相当額は，「経済的な利益」（所得税法36条1項かっこ書，2項）として所得課税の対象になるのが原則である[4]。

　近時の最高裁判決では，権利能力のない社団[5]が理事長に対して約48億円の貸付金の債務免除をした事案で，「賞与」または「賞与……の性質を有する給与」（所得税法28条1項）に該当すると判断された事案がある（以下「最高裁平成27年判決」という[6]）。同判決では，債務免除益が原則として所得にあたることについては，当然の前提とされている。

　債権者が法人（権利能力のない社団）であり，債務者が個人（理事長）である事案であったため，債務免除をした権利能力のない社団の源泉徴収義務が問題になったが，債務者に債務免除益に対する所得税が課されることが基礎にある。債務免除益に対する課税は，債権者が個人か法人か，債務者が個人か法人かによって適用される税法及び条文が異なる。債権者が法人で債務者が個人の場合は，個人の債務者に生じた債務免除益については所得税の課税対象になり（所得税法36条1項かっこ書，2項），その所得区分が問題になる[7]。債務免除益が給与所得に該当する場合には「給与等の支払」として，債権者には源泉徴収義務が生じるのが原則である（所得税法183条1項）。これに対し，債権者が個人で

191

債務者が個人の場合，相続税法 8 条が適用され，債務免除益が生じた債務者には，原則としてみなし贈与課税がなされる（例外は，同条ただし書）。

また，債権者が法人で債務者が法人の場合，または債権者が個人で債務者が法人の場合，債務者である法人には債務免除された債務（債権）相当額が債務免除益として，当該事業年度の益金（法人税法 22 条 2 項）に算入されるのが原則である。[8]

このように債務免除益に対する課税については，債権者及び債務者がそれぞれ個人か法人かにより適用される税法及び条文が異なる。[9]これらの点については，基本的には裁判例もあり，適用法令について一応の整理はなされている。

Ⅱ　債務免除益に対する源泉徴収義務

1　広島高裁平成 29 年判決

最高裁平成 27 年判決には，差戻審判決（以下「広島高裁平成 29 年判決」という。）[10]がある。同判決は，債務免除益に対する源泉徴収義務の解釈適用問題を考える素材になる。

（1）　事案の概要

X（原告・被控訴人・被上告人）は，平成 19 年 12 月 10 日，その当時の X の理事長であった A（以下「A 理事長」という。）に対し，48 億 3682 万 1235 円の借入金債務の免除（以下「本件債務免除」という。）をした。これに対し，所轄税務署長は，本件債務免除に係る経済的利益である債務免除益（以下「本件債務免除益」という。）が A 理事長に対する賞与（所得税法 183 条 1 項，28 条 1 項）に該当するとして，X に対して給与所得に係る源泉所得税の納税告知処分及び不納付加算税の賦課決定処分をした。そこで，X は，国である Y（被告・控訴人・上告人）に対し，上記各処分（裁決による一部取消し後のもの）の取消しを求め，不服申立てを経たうえで出訴した。

（2）　裁判所の判断

上告審は，[11]本件債務免除益は，A 理事長が X に対し雇用契約に類する原因に基づき提供した役務の対価として，X から功労への報償等の観点をも考慮して臨時的に付与された給付とみるのが相当であるとして，賞与または賞与の性質

を有する給与（所得税法28条1項）に該当するとした。[12] そのうえで，「本件債務免除当時にAが資力を喪失して債務を弁済することが著しく困難であったなど本件債務免除益を同人の給与所得における収入金額に算入しないものとすべき事情が認められるなど，本件各処分が取り消されるべきものであるか否かにつき更に審理を尽くさせるため」，差戻し前の控訴審判決を破棄し，差し戻した。[13]

差戻審（広島高裁平成29年判決）は，「債務免除益のうち，債務者が資力を喪失して債務を弁済することが著しく困難であると認められる場合に受けたものについては，各種所得の金額の計算上収入金額又は総収入金額に算入しないものとする。」と規定されていた当時の所得税基本通達36-17（以下「本件旧通達」という。[14]）について，同通達が適用される場合には，源泉所得税の徴収納付義務も発生しないことを判示した。

そのうえで，差戻し前の控訴審では，資産の20倍に迫る金額と認定されていた債務免除時の理事長の負債の額について，3倍以上との異なる事実認定を行った。その結果，差戻し前の控訴審では2億8222万5622円と認定されていたA理事長の資産の合計額は，17億2519万9510円と約6倍になった。こうして，債務免除された全額について源泉徴収義務は生じないとして処分の全部取消しを命じていた差戻し前の控訴審と異なり，広島高裁平成29年判決では，納税告知処分については，源泉所得税18億3550万6244円のうち4億8573万4304円を超える部分のみが取り消された。また，不納付加算税賦課決定処分についても，不納付加算税1億8355万円のうち4857万3000円を超える部分のみが取り消された（上告及び上告受理申立て中）。

(3) 検　討

裁判所では争点となっていないものの，理論的には，まず，そもそも債務免除は「支払」（所得税法183条1項）に該当するのかが問題になる（論点①）。また，資力を喪失して著しく弁済が困難な場合に，同条同項の解釈適用をどのように考えるべきなのかも問題になるであろう（論点②）。更に，支払者とされるXは支払時とされる債務免除時に，広島高裁平成29年判決が認定した源泉所得税額を把握することが困難であったのではないか，という問題も生じる。こ

のように，支払時に源泉所得税の課税要件を満たすか否か，そして満たすとしてその税額はいくらかを支払者が判断できない場合にも，源泉徴収義務が生じると解してよいのかが問題になる（論点③）。

以上の３つの論点について，以下検討する。

2 債務免除の「支払」該当性（論点①）

裁判例では，支払概念が通常の日本語の意味より拡張されて解釈される傾向にある。[15] 支払概念を拡張する見解には，所得税法 183 条 1 項の「支払」を給与等の支払債務を消滅させる法律行為と理解するものがある。[16] 所得税基本通達 181 ～ 223 共 - 1 も，「支払には，現実の金銭を交付する行為のほか，元本に繰り入れ又は預金口座に振り替えるなどその支払の債務が消滅する一切の行為が含まれる〔下線は筆者〕」とする。この見解による場合，債務免除の場合には債務免除をした者（支払者）は，何ら債務者（受給者）に対し法的債務を負っていたものではなく（逆に債権を有していた），この意味での債務の消滅はない（なお，X が A に理事長の報酬支払債務を負っていたとしても，債務免除額である約 48 億円の報酬を支払う債務を負っていたとの事実はないため，ここにいう債務の消滅はないと考えるのが自然である）。

そこで，そもそも債務免除が所得税法 183 条 1 項の「支払」に該当するのか否かについて法的な検討がなされるべきである。支払概念を受給者に経済的な利益を移転させる一切の行為をいうものと捉えれば，[17] 債務免除が支払に含まれることの説明が可能になる。

所得税法 36 条 1 項かっこ書及び 2 項が「経済的な利益」も所得課税の対象に捉えていることも考えると，「支払」は，経済的利益の移転と捉えることが妥当である。[18]

3 資力喪失の場合の法適用（論点②）

本判決は，旧通達が，課税要件を根拠づける法令（憲法 84 条（租税法律主義）参照）ではないものの，内容に合理性があるためこれを適用できるとする立場を前提にしていると思われる。

しかし，このように通達適用の問題として捉えると，非課税要件を通達で定めてよいのかという問題が残る[19]。この点については，そもそも，資力を喪失しており弁済をすることが著しく困難である債務者になされた債務免除については，担税力を増加させる所得がないため所得税は課されない[20]（つまり，この場合には，債務免除を受けた債務者であっても例外的に「経済的な利益」（所得税法36条1項）は生じていない）と考えれば，所得概念にも整合的な説明が可能である[21]。

そもそも，「国家経費の財源である<u>租税は専ら担税能力に即応して負担させることが，税法の根本理念である負担公平の原理に合し且つは社会正義の要請に適うものであると共に……各種税法はこの原則に基いて組み立てられており，又これを指導理念として解釈運用すべき</u>〔下線は筆者〕と考えられている[22]。このように考えれば，旧通達（旧通達削除後の所得税法44条の2第1項の規定も含む。）はこれを前提に更に詳細な要件を具体化したものと理解することが可能になり，通達による非課税という租税法律主義違反の問題を解消することができる。

Ⅲ　債務免除時の判断—解釈論における源泉徴収義務の明確性（論点③）

1　自動確定方式から導かれる解釈論における明確性

源泉所得税の納税義務は，自動確定方式で税額が確定される（国税通則法15条2項2号）[23]。これは，「この義務の内容をなす納付すべき税額は，特別の確定手続をまつまでもなく容易に計算することができる」からである[24]。また，そもそも，源泉所得税を含め自動確定方式が採られた国税があるのは，「国税のうちには，課税要件たる事実が明白で，税額の計算が容易である等のため，あえて納付すべき税額の確定に特別の手続をとる必要がないものがあ」るからであり，「直ちに履行過程に進みうる建前をとっている」ものである[25]。

このように自動確定方式が採られている源泉徴収制度の特殊性に鑑みれば，支払者に源泉徴収義務を負わせるためには，支払時に支払者において源泉徴収義務が発生すること（当該課税要件を充足すること）[26]及びその具体的な源泉所得税額を明確に判断できる客観的状況があったこと（明確性）が必要であると考

えるべきである[27]（源泉徴収義務の解釈論における明確性）。そして，こうした明確に判断できる客観的な状況は，支払を生じた法律行為をする前後の過程を通じて，支払者が支払時までに容易に入手できた客観資料を基準にすべきである[28]。

2 受忍すべき不利益の程度論からの考察

神戸地裁平成 2 年 5 月 16 日判決は[29]，「支払者の受ける不利益は事務処理上の経費の増大にとどまる」とし，「この程度の不利益であるならば，所得税の源泉徴収制度を維持していくためには，受忍すべきである」と判示する。

しかし，この議論は，納税告知後に「支払われる給与等から……納付額を控除するだけで実質的な自己の経済的負担を回避することができる」という点と，同判決の控訴審が示した「求償することによって，不利益を伴う財産的損害を塡補することができる（所得税法第 222 条）[30]」という点のいずれかが可能であるであることを前提にしている。

そこで，①継続的な法律関係がないなど，次の支払がない場合（受給者が非居住者または外国法人である場合[31]）や，②受給者が資力を喪失しているなど，求償権を行使しても満足できない可能性が高い場合には，受忍すべき「程度の不利益」とはいえなくなることも考慮すべきである[32]。

3 本件の検討

本件では，債務免除時に X は A 理事長の資産及び負債について同判決が認定するような詳細な事実（資産 17 億 2519 万 9510 円，負債 52 億 7722 万 9692 円）を把握して，債務免除額（48 億 3682 万 1235 円）とその差額である 12 億 8479 万 1053 円を「経済的利益」と判断し，その部分についてのみ源泉所得税（4 億 8573 万 4304 円）が発生すると判断することは困難であった。また，多額の負債があり，資力を喪失した債務者に対する求償権の行使は事実上困難であると思われる点で，受忍すべき不利益ということもできない（②）。

したがって，源泉徴収義務を発生すべき基礎を欠くものであったといわざるを得ない。解釈論における源泉徴収義務の明確性については，このように債務免除益についての源泉徴収義務において重要な問題としてあらわれる。

Ⅳ 消滅時効によって債務者が得る利益に対する課税問題

1 問題の所在

一般に債務免除益と同じように考えられているものの，実際には債務免除によって得られる利益ではなく，明確な税法規定の適用が明らかにされていないものに，消滅時効（民法167条1項〔改正民法166条1項〕参照）によって債務が消滅した場合の利益に対する課税がある。

時効については取得時効の裁判例があり[33]，学説の議論もある[34]。これに対して，消滅時効については裁判例もなく，深い議論はあまりされていない。そもそも，消滅時効は，取得時効と異なり，具体的に不動産などの経済的価値を有する物の所有権を取得するものではない。そこで，消滅時効により債務者がどのような利益を得たのかが問題になる。

法的に存在していた債権者に対する債務は，消滅時効の援用（民法145条）によって（そして裁判所の確定判断によって）消滅する。これが消滅時効における民法の理解である。そうすると，消滅した債務相当額について，原則として債務消滅益（債務免除益）を得ているといえ，所得が発生したと考えるのが自然であるように思われる[35]。ここで，次の3つの問題点が生じる。

2 問題点①—法的な債務の消滅があったといえるか（事実認定）

まず，そもそも，法的な債務の消滅があったといえるのか，という問題がある。裁判所で消滅時効について判断される場合，当事者間で債権の存在についても争われているケースがある。裁判所の判断が，「仮に債権が存在していたとしても，消滅時効が完成しており援用があるため，いずれにしても請求権は存在しない。」といったものであった場合，法的に存在していた債務が消滅したといえるのか（債務消滅益が本当に存在するのか）が，認定事実から読み取れないという場合があり得る[36]。

この点，債務免除益がもともと法的に存在していた債務を前提にする以上，このような認定の場合に税法を適用をすることは困難と思われる。

3 問題点②—時効により法的に消滅した債務の利益は債務免除益と同じといえるか

次に，法的な債務が存在していた事実は明らかであり，消滅時効によって当該債務が消滅したことが明らかである場合であっても，当該債務消滅益については，債務免除益の場合と同じに考えて税法規定を適用できるのか，という点が問題になる。

たとえば，個人の債務が消滅時効により消滅した場合，債務免除益と同じように考えれば，債権者が法人であれば所得税の問題となり，債権者が個人であれば贈与税（相続税法 8 条）の問題になりそうである。しかし，消滅時効により生じる利益（債務消滅益）は，厳密にいうと，債権者による債務免除によって生じた利益ではない。誰から得られた利益なのか（債権者が個人なのか法人なのか）を，債務免除益と同じように区別してよいのだろうか。

この点について，借入債務が消滅時効にかかった場合は，「債権者……が免除の意思を表明したのではないから，民法 519 条にいう債務免除に当たら」ず，「消滅時効にかかって債権が消えたというだけである（民法 167 条）」とし，「この例は正確には債務免除の例ではなく，時効による債務の消滅の例」であると指摘するものがある。両者を同一に捉える説明も多いが，この指摘にあるとおり，両者は別であることをまずは出発点として捉えるべきである。債務消滅益が生じた原因は，債権者の債務免除ではなく（債権者はおそらく訴訟で債権の行使を主張していた），法律上の消滅時効制度によって消滅したものであるからである。

4 問題点③—債権者から債務者に経済的利益が移転したといえるのか

(1) 問題の所在

このように債務免除益と消滅時効による利益（債務消滅益）は別であることを前提にしながらも，「債務消滅原因に関するこの違いは，この例における個人債務者における所得計算上の有無を考える上で，有意な違いをもたらさない」という指摘がある。

しかし，税法適用における要件を細かく検討すれば，消滅時効による利益を

債務免除益と同様に捉えようとした際，債務免除が行われたものではないのに，債務免除について定めた規定（相続税法 8 条）を適用できるのかという問題が生じるはずである。理論的にいえば，債権者から債務者に経済的利益が移転したといえるのか，という問題である。

　この点，給与等の支払についての源泉徴収義務を定めた所得税法 183 条 1 項の「支払」の解釈において，消滅時効は該当しないと解するのが一般的であると思われることもあわせ考えると，[39]消滅時効を援用した債務者に使用者からの「経済的利益の移転」はないと言わざるを得ないと思われる。そうすると，消滅時効の場合には，理論的には債務免除益と同じような利益（債務消滅益）が生じて所得課税の対象になると考えられているものの，現実にこの利益に課税する際には適用条文が選択できない，という問題が起きる。

　(2)　2 つの考え方

　ア　否定説

　この点，「理屈としては消滅時効の援用による利益が発生」するため，「消滅時効を理由として身内間の債務を消滅させた場合は贈与税の課税などが問題になります〔傍点は筆者〕」と説明するものもある。[40]しかし，この債務消滅益に課される可能性があるのが所得税ではなく贈与税である根拠は明らかにされていない。もちろん，相続税法 8 条には該当しないとしても，「対価を支払わないで……利益を受けた場合」にあたるとして，同法 9 条が適用され，みなし贈与になるとの考え方もあり得る。しかし，この場合も，「利益を受けた」の意義が問題になるはずである。そして，贈与とみなされる効果を生じる要件である以上，利益を与えた者が存在しないとなれば，みなし贈与を観念することはできないと思われる。[41]

　イ　肯定説

　これに対し，「時効の援用により債務を免れたときは法人の場合はその金額が益金に算入されることにな」り，「個人の場合，取得した利益は一時所得に区分され」るとの解説もある。[42]この解説は，消滅時効の援用によって，債権者には損失が生じ，債務者には利益が生じることを前提に議論をするものである。[43]

　このように，債権者と債務者との関係について，前者に損失が生じ，後者に

利益が生じていることを捉え，両者の因果関係を肯定すれば，「経済的な利益の移転」を説明することが可能になるようにも思われる。しかし，不当利得返還請求（民法703条）の要件が満たされるような関係をもって「利益の移転」と捉えてよいのかについては，相続税法9条の趣旨目的や適用範囲の問題の観点からも別途考える必要があるであろう。債権者が債権を失ったことについて債権者側の税法処理がされるとしても，債権者においては債務免除のような何らの意思表示もせず（また不本意にも）消滅時効により債権を失っていることを考えると，債権者から債務者への「利益の移転」はないとみる余地もあるように思う。

　経済的利益の移転がないと考え，相続税法（みなし贈与）の適用をできないと考えた場合，「個人からの贈与」（所得税法9条1項16号）により取得したものではなくなる。この場合，贈与税と所得税の二重課税を排除するために規定された非課税規定（同法同条同項同号）の適用が排除される。そうすると，所得税法が適用されることになり，一時所得（同法34条1項）として課税されることになるのではないかとも考えられる。[44] しかし，所得税法36条1項及び2項にいう「収入」を「他の者から受ける経済的価値」と捉える場合，[45] 消滅時効の場合は債務免除と異なり債権者は何らの行為を行っていないため，他の者（債権者）から得た利益とはいえず，「収入」にあたらないと考えることもできるであろう。このように考えると，課税要件を充足せず，所得課税もできないことになる。

5 小 括

　以上のとおり，消滅時効による利益（債務消滅益）の課税を考えるにあたっては，債務免除益と似ている側面があるとはいえ，仔細に税法条文の適用を検討すると，債務免除益と同様に課税要件を充足するといえるかの問題が起きる。判例もないため，理論面における研究が更になされる必要があるが，債権者から債務者への経済的利益の移転があったといえるかの検討が重要になると考える。

結びに代えて

　債務免除益課税には，更に検討されるべき諸問題がある。債務免除を行った者に生じるとされる源泉徴収義務の有無及び範囲がその１つである。この点については，解釈論における源泉徴収義務の明確性が検討されるべきである。また，債務免除益と同じ議論がされることが多い消滅時効による債務消滅益についても，課税要件の充足について検討されなければならない問題がある。この点については，特に債権者から債務者に経済的利益の移転があったといえるかが重要になる。

注

1）　最判昭和 50 年 5 月 27 日民集 29 巻 5 号 641 頁。
2）　石井健吾「判解」最高裁判所判例解説民事篇昭和 50 年度 225 頁参照。
3）　法的に債務が消滅する場合における所得課税について具体例を挙げながら詳細な検討をしたものに，藤間大順「債務免除益課税の基礎理論—事業再生税制の『資力喪失要件』に対する解釈を中心として—（上）（下）」青山ビジネスロー・レビュー 6 巻 1 号（2016 年）71 頁，6 巻 2 号（2017 年）29 頁がある。
4）　岡村忠生「事業取引における債務の移転」金子宏＝中里実＝ J. マーク・ラムザイヤー『租税法と市場』（有斐閣，2014 年）372 頁，増井良啓「債務免除益をめぐる所得税法上のいくつかの解釈問題（上）（下）」ジュリ 1315 号（2006 年）192 頁，1317 号（2006 年）268 頁，高橋祐介「損害賠償なんか踏み倒せ！」立命館法学 352 号（2013 年）240 頁等を参照。債務免除益について，所得概念をめぐる個別の問題として本格的な研究を要するとの指摘に，金子宏「租税法における所得概念の構成」同『所得概念の研究』（有斐閣，1995 年）116 頁。なお，例外的に，事業再生税制（所得税法 44 条の 2）が適用され，所得課税がされない場合もある。
5）　人格のない社団等（所得税法 2 条 1 項 8 号，4 条）に該当すると認定されている。
6）　最判平成 27 年 10 月 8 日集民 251 号 1 頁。同判決の評釈に，木山泰嗣「判批」税経通信 71 巻 1 号（2016 年）189 頁，同「判批」青山ビジネスロー・レビュー 5 巻 2 号（2016 年）65 頁，池本征男「判批」国税速報 6417 号（2016 年）37 頁，今本啓介「判批」ジュリスト 1489 号（2016 年）10 頁，占部裕典「判批」ジュリスト 1492 号（2016 年）203 頁，奥谷健「判批」税務 QA165 号（2015 年）46 頁，等がある。
7）　東京高判平成 22 年 6 月 23 日税資 260 号順号 11453，大阪高判平成 24 年 2 月 16 日訟月 58 巻 11 号 3876 頁，仙台高判平成 17 年 10 月 26 日税資 255 号順号 10174，東京高判平成 28 年 2 月 17 日裁判所 H P 等を参照。
8）　債権者が法人で債務者が法人の場合の債務免除益については，東京高判平成 20 年 3 月 25 日税資 258 号順号 10925 があり，債権者が個人で債務者が法人の場合の債務免除益に

ついては，福岡高判平成元年3月16日税資169号571頁がある。ただし，企業再生税制（法人税法59条）が適用される場合の例外がある。

9) 本稿の主題が債務免除益課税であるため省略したが，債権者側に対する課税としては，貸倒損失による損金（法人税法22条3項3号）または必要経費（所得税法51条2項）の算入，収入金額からの遡及的控除（同法64条1項）が問題になるほか，全額回収不能（最判平成16年12月24日民集58巻9号2637頁参照）といえず，貸倒損失としての損金算入ができない法人の債権者については寄附金（法人税法37条1項）の問題も生じ得る。

10) 広島高判平成29年2月8日公刊物未登載。同判決の評釈に，木山泰嗣「判批」青山法学論集59巻3号（2017年）91頁，佐藤英明「判批」TKC税情27巻1号（2018年）12頁等がある。

11) 最判平成27年10月8日・前掲注6）。

12) 反対説に，金子宏『租税法〔第22版〕』（弘文堂，2017年）232頁。対価性に疑問を呈するものに，奥谷・前掲注6）49頁。一時所得説に，田中治「給与所得者の経済的利益に対する課税」税務事例研究59号（2001年）51頁。

13) 広島高岡山支判平成26年1月30日税資264号順号12404。

14) 平成26年度税制改正により，所得税法44条の2の規定が創設されたことに伴い廃止された（『改正税法のすべて〔平成26年度版〕』（大蔵財務協会，2014年）103頁参照）。

15) 大阪高判平成15年8月27日税資253号順号9416，東京地判平成27年12月9日公刊物未登載。青柳達郎「所得税法183条の『支払』について」税大ジャーナル5号（2007年）58頁参照。

16) 大阪地判平成9年5月21日税資223号758頁参照。

17) 例えば，青柳・前掲注15）77頁は「経済的な利益の供与がなされた場合」を広く「支払」と捉える。

18) 山口地判昭和35年3月31日訟月6巻6号1279頁参照。

19) 通達により非課税とすることについて，租税法律主義違反になることを指摘するものに，田中治「給与所得者の経済的利益に対する課税」税務事例研究59号（2001年）37頁，品川芳宣「判批」税研166号（2012年）90頁，酒井克彦「債務免除益に係る源泉徴収義務—国税不服審判所平成17年2月28日裁決の検討を契機として—」税務事例46巻3号（2014年）56頁等がある。

20) 木山・前掲注6）（青山ビジネスロー・レビュー）78-79頁。なお，この点を論ずるものに，小湊高徳「債務免除益に対する所得課税の検討」立命館法政策論集8号（2010年）22-27頁がある。

21) 大阪地判平成24年2月28日訟月58巻11号3913頁参照。

22) 最判昭和37年6月29日税資39号1頁。

23) 最判昭和45年12月24日民集24巻13号2243頁，最判平成4年2月18日民集46巻2号77頁参照。

24) 志場喜徳郎＝荒井勇ほか編『国税通則法精解』（大蔵財務協会，2016年）262頁。

25) 志場ほか・前掲注24）261頁。

26) 所得税法161条1項5号及び212条1項等が定める源泉徴収義務について，「支払の時

202

点で行わざるを得ないのではないか」と指摘するものに，浦東久男「源泉徴収と支払概念」税法学 534 号（1995 年）29 頁がある。

27）　自動確定方式を理由に「課税標準の金額又は数量が明らかで，さらに税額の算定も極めて容易なものでなければならない」とするものに，脇谷英夫「『経済的利益』を対象とする源泉徴収制度の考察」税法学 571 号（2014 年）170 頁。

28）　木山泰嗣「源泉徴収制度をめぐる諸問題―特別密接関係と支払者に注意義務はあるのかを中心に―」青山ローフォーラム 6 巻 2 号（2018 年）73 頁。

29）　神戸地判平成 2 年 5 月 16 日税資 176 号 785 頁。

30）　大阪高判平成 3 年 9 月 26 日税資 186 号 635 頁（上告審・最判平成 5 年 2 月 18 日税資 194 号 416 頁（棄却））。

31）　東京高判平成 28 年 12 月 1 日裁判所 HP（東京地判平成 28 年 5 月 19 日裁判所 HP）参照。同判決の評釈に，平川英子「判批」新・判例解説 Watch 21 号（2017 年）223 頁，安井栄二「判批」税務 QA187 号（2017 年）80 頁，木山泰嗣「判批」Accord Tax Review 9＝10 号（2018 年）13 頁等がある。

32）　木山・前掲注 28）108-109 頁参照

33）　東京地判平成 4 年 3 月 10 日訟月 39 巻 1 号 139 頁，静岡地判平成 8 年 7 月 18 日行集 47 巻 7＝8 号 632 頁。

34）　水島淳「判批」中里実＝佐藤英明＝増井良啓＝渋谷雅弘編『租税判例百選〔第 6 版〕』（有斐閣，2016 年）33 頁等を参照。

35）　「この場合も理屈としては消滅時効の援用による利益が発生します」と説明するものに，三木義一＝関根稔＝山名隆男＝占部裕典『実務家のための税務相談（民法編）〔第 2 版〕』（有斐閣，2006 年）61-62 頁〔関根稔執筆部分〕がある。所得課税の観点から，債務免除益を得たと認定される理論的な可能性を指摘するものに（三木義一監修＝本山敦・伊川正樹編『新実務家のための税務相談　民法編』（有斐閣，2017 年）56 頁〔木山泰嗣執筆部分〕）。消滅時効ではないが，「債務の消滅においては，消滅する債務が課税の対象であると一応は考えられる」と説明するものに，岡村・前掲注 4）372 頁。

36）　木山泰嗣監修＝西中間浩『債権法改正と税務実務への影響』（税務研究会出版局，2018 年）42 頁，木山泰嗣「民法改正が税法解釈に与える影響について」同 177 頁参照。

37）　増井・前掲注 4）（下）271 頁。

38）　増井・前掲注 4）（下）271 頁。

39）　浦東久男「源泉徴収と支払概念」税法学 534 号（1995 年）22 頁参照。

40）　三木・前掲注 35）61-62 頁〔関根稔執筆部分〕。

41）　この要件の意義について，「贈与と同様の経済的利益の移転」が必要であるとするものに，大阪高判平成 26 年 6 月 18 日税資 264 号順号 12488。

42）　東京弁護士会編『法律家のための税法　民法編〔新訂第 7 版〕』（第一法規，2014 年）34 頁。

43）　東京弁護士会編・前掲注 42）34 頁。

44）　事業について生じた金銭債務の場合は事業所得として，非事業について生じた金銭債務の場合は一時所得として課税されるとするものに，青木康國＝牛嶋勉＝小田修司＝辺見紀男＝菅納敏恭編『法的紛争処理の税務〔第 2 版〕―民事・家事・会社・倒産―』（民

事法研究会，2003 年），佐藤義行「取得・消滅時効」税理 36 巻 13 号（1993 年）55 頁。

45)　谷口勢津夫＝一高龍司＝野一色直人＝木山泰嗣『基礎から学べる租税法』（弘文堂，2017 年）115 頁〔谷口勢津夫執筆部分〕参照。

日本租税理論学会規約

(1989年12月9日　制定)
(2002年11月16日　改正)
(2011年11月12日　改正)

第1章　総　則

第1条　本会は、日本租税理論学会（Japan Association of Science of Taxation）と称
する。

第2条　本会の事務所は、東京都に置く。

第2章　目的及び事業

第3条　本会は、租税民主主義の理念に立脚し、租税問題を関連諸科学の協力を得て総
合的・科学的に研究することを目的とする。

第4条　本会は、前条の目的を達成するために、左の事業を行う。

1　研究者の連絡及び協力促進
2　研究会、講演会及び講習会の開催
3　機関誌その他図書の刊行
4　外国の学会との連絡及び協力
5　その他理事会において適当と認めた事業

第3章　会員及び総会

第5条　本会は、租税問題の研究にたずさわる者によって組織される。

第6条　会員になろうとする者は、会員2人の推薦を得て理事会の承認を受けなければ
ならない。

第7条　会員は、総会の定めるところにより、会費を納めなければならない。3年の期
間を超えて会費を納めない場合は、当該会員は退会したものとみなす。

第8条　本会は、会員によって構成され、少なくとも毎年1回総会を開催する。

第4章　理事会等

第9条　本会の運営及び会務の執行のために、理事会を置く。

理事会は、理事長及び若干人の理事をもって構成する。

第10条　理事長は、理事会において互選する。

205

理事は、総会において互選する。

第 11 条　理事長及び理事の任期は、3 年とする。但し、再任を妨げない。

第 12 条　理事長は、会務を総理し、本会を代表する。

第 12 条の 2　理事会内に若干人の常任理事で構成する常任理事会を置く。任期は 3 年とする。但し、再任を妨げない。

第 13 条　本会に、事務局長を置く。事務局長は、理事長が委嘱する。

第 14 条　本会に、会計及び会務執行の状況を監査するために、若干人の監事を置く。
監事は、総会において互選し、任期は 3 年とする。但し、再任を妨げない。

第 14 条の 2　理事会は、本会のために顕著な業績のあった者を顧問、名誉会員とすることができる。

第 5 章　会　計

第 15 条　本会の会計年度は、毎年 1 月 1 日に始まり、その年の 12 月 31 日に終わるものとする。

第 16 条　理事長は、毎会計年度の終了後遅滞なく決算報告書を作り、監事の監査を経て総会に提出して、その承認を得なければならない。

第 6 章　改　正

第 17 条　本規約を改正するには、総会出席者の 3 分の 2 以上の同意を得なければならない。

附　則

第 1 条　本規約は、1989 年 12 月 9 日から施行する。

日本租税理論学会理事名簿〔* は常任理事会構成理事〕
〔○ は名誉教授〕

(2018 年 4 月現在)

| 理 事 長 | 石村　耕治（白　鷗　大） |
| 事 務 局 長 | 高沢　修一（大 東 文 化 大） |

理　　　　事

〔財 政 学〕
*○安藤　実（静　岡　大）　　内山　昭（京都・成美大）
*梅原　英治（大 阪 経 済 大）　　後藤　和子（摂　南　大）
篠原　正博（中　央　大）　　関野　満夫（中　央　大）
*鶴田　廣巳（関　西　大）

〔税 法 学〕
*阿部　徳幸（日　本　大）　　*○石村　耕治（白　鷗　大）
伊藤　悟（日　本　大）　　浦野　広明（立　正　大）
小川　正雄（愛 知 学 院 大）　　*黒川　功（日　本　大）
小池　幸造（元静岡大・税理士）　　湖東　京至（元静岡大・税理士）
田中　治（同 志 社 大）　　千葉　寛樹（札 幌 学 院 大）
*長島　弘（立　正　大）　　*中村　芳昭（青 山 学 院 大）
*浪花　健三（立 命 館 大）　　水野　武夫（立 命 館 大）
*望月　爾（立 命 館 大）

〔税務会計学〕
朝倉　洋子（税　理　士）　　浦野　晴夫（元 立 命 館 大）
粕谷　幸男（税　理　士）　　菊谷　正人（法　政　大）
*髙沢　修一（大 東 文 化 大）　　富岡　幸雄（中　央　大）
山本　守之（千 葉 商 科 大）

| 監　　　　事 | 小山　廣和（明　治　大）　　小山　登（LEC 会計大学院） |

事務所所在地　〒 175-8571　東京都板橋区高島平 1-9-1
大東文化大学経営学部高沢研究室内
日本租税理論学会
（郵便振替　00110-9-543581　日本租税理論学会）

租税理論研究叢書 28

平成30年12月17日　初版第1刷発行

所 得 概 念 の 再 検 討

編　者　日 本 租 税 理 論 学 会

発行者　日 本 租 税 理 論 学 会

〒175-8571　東京都板橋区高島平1-9-1
大東文化大学経営学部髙沢研究室内

発売所　株式会社　財経詳報社

〒103-0013　東京都中央区日本橋人形町1-7-10
電　話　03（3661）5266（代）
ＦＡＸ　03（3661）5268
http://www.zaik.jp

落丁・乱丁はお取り替えいたします。　　　印刷・製本　創栄図書印刷
©2018　　　　　　　　　　　　　　　　Printed in Japan 2018
ISBN　978-4-88177-455-7

租税理論研究叢書

日本租税理論学会編　　　　　　　　　　各Ａ５判・150～250頁

22　大震災と税制　　　　　　　● 4200円

税財政による災害復興制度は，震災被害からの復旧・復興をどのように支え，またどのような課題を抱えているのか。その現状と課題を示し，今後の展望を理論的・実証的に検討する。

23　税制改革と消費税　　　　　　● 4200円

社会保障の安定財源を確保する観点から，消費税率の引上げを柱とする税制改革が進められようとしている。財政学，税務会計学，税法学の研究者と実務家らが，消費税の宿罪ともいえる様々な難点を徹底的に討議する。

24　格差是正と税制　　　　　　　● 4500円

世界各国における所得格差の拡大と貧困の累積についての実態が明らかにされるなか，その是正に果たす税制の役割について検討。諸氏の問題提起論文と討論を収録。

25　国際課税の新展開　　　　　　● 2800円

リーマン・ショック後の国際課税制度，居住地国課税原則をめぐる社会変化，電子商取引と国際二重課税，租税条約適用の問題点，グローバル化の中での我が国の対応，通商的側面からの消費税，BEPSと国際課税原則などを掲載。

26　中小企業課税　　　　　　　　● 2800円

中小企業の課税状況の現状と今後の課題から，アメリカの法人税改革Ｓ法人課税，外形標準課税の中小企業への拡充問題，中小企業会計基準の複線化に伴う公正処理基準などを取り上げ，討論や一般報告も収録。

27　消費課税の国際比較　　　　　● 2800円

わが国における消費税引上げに伴う一連の展開を受けて，英国，ドイツ，カナダ，EUなど諸外国の消費税についての研究報告を中心に，消費税の国際比較に関する討論や税理士のあり方，英国の高額所得課税などの研究報告も掲載。

表示価格は本体（税別）価格です　　　　10号～21号のバックナンバーもございます